Table Manner

Smile Smart Sweet

테이블 매너

오재복 지음

백산출판사

머리말

국제화시대를 맞아 그 어느 때보다 국가와 국가 간의 교류뿐만 아니라 개인 간의 교류가 빈번해지면서 세계인으로서 지켜야 할 사회생활에서의 예의범절, 이른바 에티켓의 중요성이 날로 높아지고 있다. 지구촌시대에 어울리는 서로 간의 의사소통 교류를 위한 매너로, 우리에게도 훌륭한 전통 예의범절이 있지만, 세계인을 상대로 하는 보편적 예의범절 방식과는 다른 면이 있다.

우리들의 일반적인 식사형태는 한식이 중심이 되고, 한식의 식사형태는 가정에서 부모로부터 가정교육을 통하여 배우고 지켜지고 있다. 하지만 상황에 따라 양식으로 식사하는 경우 방법을 몰라 당황하게 되면 즐거운 식사가 아닌 불편한 식사가 된다. 매너는 어려운 것이 아니라, 상대방을 존중하는 것에서 출발하는 것으로 모두가 편안하게 지내기 위해 약속해 놓은 생활방식이다. 그러므로 익혀 놓으면 언제 어디서든 자신 있고 즐겁게 식사할 수 있을 것이다.

나의 어머니 한정혜 여사는 늦은 나이에 외국에서 요리 공부를 하고 돌아와 요리학원을 운영하며 지내다, 우연한 기회에 테이블 매너의 필요성을 느껴 다시 외국에서 공부하신 것이 지금으로부터 25년 전의 일이다. 한국의 여성들에게 국제적인 문화와 매너를 알리고자 매너교실을 운영하고 매너에 관한 여러 권의 책을 집필하셨고, 늘 반듯한 자세와 환한 미소로 가정과 직장에서 아름다움을 위해 생활하던 분이셨다. 출근하지 않는 일요일에도 단정한 모습으로 책을 가까이하고 집안의 물건들을 다시 배치하여 새로운 분위기를 연출하며 나이 들어 일할 때도 즐겁게 생활하셨던 모습이 언제나 눈에 선하다.

영화 〈사운드 오브 뮤직〉 중 여배우가 호숫가에 서서 투명한 글라스에 핑크색 음료 마시는 장면을 보고 집에 오셔서 플라스틱 컵 대신 투명한 글라스에 물을 담아 마셨고, 테이블도 유리가 아닌 테이블클로스를 깔아, 평소에 조심하며 식사해야 몸에 배여 언제 어디서고 편안하게 식사할 수 있다며 딸 하나인 나에게 더 많은 주의를 주곤 하셨다.

어머니로부터 배운 요리와 함께 식공간 연출에 관한 강의를 하는 요즘, 누구나 아름다운 식공간에서 식사하기를 바라지만 진정으로 아름다운 식공간이란 식사하는 사람이 아름다워야 완성되는 것으로 테이블 매너를 강조하고 있다. 값비싼 인테리어로 치장되고 고가의 음식이 앞에 있어도 팔꿈치를 올려놓거나 발을 꼬는 등 불편한 자세의 모습에서는 아름다운 식공간을 기대할 수 없는 것이다.

이 책은 양식을 중심으로 한 테이블 매너를 중점적으로 살펴보면서 테이블 구성에 관련된 내용들을 구체적으로 열거하였다. 테이블 위에 올려지는 테이블 톱의 5대 요소를 이해함으로써 테이블웨어를 비롯한 구성요소를 보다 더 넓게 살펴보며 직접 선택하고 꾸며보는 기회가 되었으면 한다. 그리고 바른 자세를 유지하기 위한 방법을 알아보고 실천함으로써 언제나 아름답고 반듯한 모습이 되도록 하며, 차·술에 관한 내용의 이해를 계기로 식문화에 관한 전반적인 지식을 넓혀나갔으면 한다. 그저 한 번 읽었다고 해서 테이블 매너가 익혀지는 것은 아니다. 여러 번 반복해서 읽어보고 직접 행동으로 옮기면서 불편했던 상황들이 편안하게 다가올 수 있도록 노력하고자 하는 마음이 중요하다.

매너는 하루아침에 이루어지지 않는다. 머리로 이해하기보다는 마음을 열고 실천해 봄으로써 세계의 누구와든 어깨를 나란히 하며 국제인이 되는 길에 한 걸음 다가설 수 있는 것이다. 세계화시대를 맞이하여 국제인으로서의 세련되고 당당한 테이블 매너로 언제 어디서고 품위 있는 현대인이 되도록 하자.

차 례

Part 1 | 테이블 매너의 기본 포인트

Part 2 | 테이블 톱의 5대 요소

Part 3 | 테이블에서의 식사

Part 4 | 과일 먹기와 차 마시기

Part 5 | 흔히 일어나는 실수

Part 6 | 까다로운 요리 먹는 법

Part 7 | 식탁에서의 술

Part 8 | 파티에서의 매너

PART 1

테이블 매너의 기본 포인트

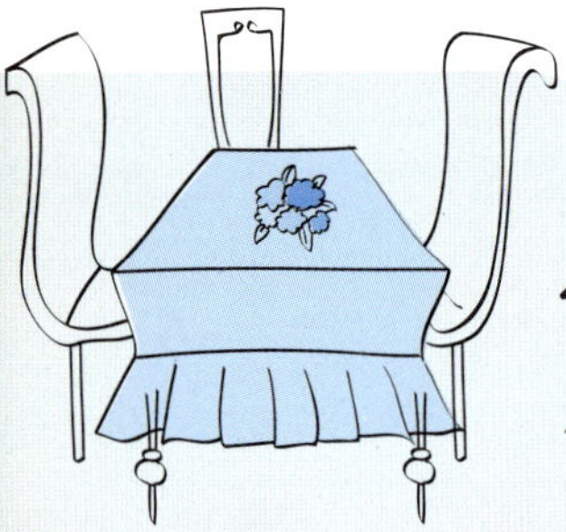

1 테이블 매너의 기본 포인트

매너란 상대방을 배려하고 이해하는 마음에서 출발하는 것으로 상대방이 불편을 느끼지 않게 하는 생활양식이다. 남을 편안하게 하고 나아가 상대방을 존중함으로써 남의 호의에 감사할 줄 아는 마음가짐이 바탕이 된 매너를 터득하는 것은 우리 모두 다 같이 쾌적하고 편안하며 품격 있는 사회로 나아갈 수 있게 한다.

무엇보다 마음과 행동이 일치되도록 노력하는 것이 중요하며 자신의 태도를 가다듬어 이미지를 만들어 나가는 마음가짐, 즉 자기 자신의 매너부터 살펴보며 모두 함께 아름다운 모습으로 더불어 살아가는 사회가 되도록 한다.

1) 매너와 에티켓

매너manner란 라틴어의 'Manuarius'라는 단어에서 유래되었으며 손hand을 뜻하는 'manus'와 ~과 관계하는 것arium을 뜻하는 'arius'의 합성어로 '손과 관계하는' 다시 말하면 '행동하는 방법이나 방식'을 의미한다. 그러므로 매너란 행동하는 방법이나 태도라고 할 수 있다.

에티켓은 예의범절을 이르는 말로 프랑스어 붙이다의 의미인 estiquier에서 유래한 말로 베르사유궁전에서 사람들에게 주어지는 티켓ticket에 궁전 내에서 지켜야 할 사항이나 예의범절 등을 적어 나누어주던 쪽지에 기원을 둔다는 설과 루이 14세 때 베르사유궁전 화단에 '아무도 들어가지 마시오'라는 팻말을 세운 데서 유래되었다는 일화도 있다. 17세기 절대주의적·귀족적 궁정사회에서 왕과 귀족과 부르주아지 사이의 의존관계에서 형성되는 절대주의적 궁정예절civilité 단계가 이루어지며 이 시대의 베르사유궁은 '문명화'의 온상이요, '매너의 학교인 동시에 매너의 모델'로 세련의 절정기이자 억압의 절정기이기도 하다.

예의범절은 예의나 법도에 맞는 모든 절차나 질서를 가리키는 예의禮義와 경의를 표하는 생각이나 뜻을 나타내는 범절凡節을 줄여서 말하기도 하며 예의는 매너로 예절은 에티켓의 의미로 나타낼 수 있다.

즉 매너란 상대방에 대한 배려의 마음가짐으로 그렇게 할 수 있으면 좋은 것이고, 에티켓이란 일상생활에서 지켜야 하는 언행규범으로 반드시 그렇게 하는 것이 좋은 것을 가리킨다. 식사 중이거나 공공장소에서 휴대폰을 진동으로 하거나 전원을 꺼놓는 것은 에티켓이고 밖으로 나가 통화하는 것은 매너이다.

테이블 매너 등의 매너가 관습이나 몸가짐 등 일반적인 룰을 가리키는 데 대하여, 에티켓은 더욱 고도의 규칙과 예의·예법 등 사회인으로서 알맞은 감성을 가리킨다. 환경이나 처한 입장, 사회의 변화에 따라 에티켓 그 자체가 변하는 경우도 있으나 본질적으로는 크게 달라지지 않는다.

19세기 말 사교계의 관례usage 및 예의범절civility이 오늘날 프랑스 에티켓의 기초가 되었고, 국제 간의 외교의례는 별도로 프로토콜protocol이라는 용어로 정의해 놓고 있다. 현대에 와서는 일반인에게도 보편적으로 적용되는 예의범절로 자리 잡게 되었다.

2) 테이블 매너는 성장과정과 품격

현대는 빠르게 변화하는 국제화 사회로 다양한 문화를 경험하며 바쁘게 살아가고 있다. 이러한 가운데 우리는 기본적으로 하루에 세 번의 식사를 하게 되고 이러한 식사를 통하여 가족은 물론 많은 이들과 소통하며 서로를 확인하고 새로운 에너지를 얻게 된다.

근래에는 여러 형태의 식사모임이 이루어지고 있으며 레스토랑이나 연회장, 결혼식 또는 해외여행 중 갖게 되는 모임에서 식사할 때 양식이 주를 이루고 있다. 이럴 때 당황하여 쩔쩔매거나 매너에 무관심하여 무례하게 행동한다면 당신의 이미지는 부정적으로 비치게 될 것이다. 일반적으로 식탁에서 나타나는 테이블 매너로 그 사람의 인품과 성장과정까지 알 수 있다고 한다.

매너라 하면 사람을 구속하는 불편한 것으로 오해하는 경우가 많다. 원래 테이블 매너는 혼자만이 아니라 합석한 모든 사람과 더불어 식사를 즐기기 위한 모두의 약속이다. 그러므로 매너를 익힐 때 왜 그래야 하는지에 대한 이유를 알면 한층 이해하기가 쉽다. 매너 하나하나에는 합리적이고 과학적인 배경이 있기 때문이다. 이렇게 하여 매너 하나하나의 의미를 알게 되면 매너는 자연스럽게 몸에 배게 된다.

세계화시대를 맞이하여 국제인으로서 세련되고 당당한 매너가 더욱 요청되고 있다. 이에 양식 테이블 매너를 잘 알고 익혀 품위 있고 품격 있는 현대인이 되도록 하자.

3) 초청장의 복장

다양한 파티가 이루어지는 것과 함께 파티의 성격에 맞는 복장이나 통일된 색상의 소품들이 요구되기도 한다. 예를 들면 '붉은색'이라고 적혀 있으면 붉은색의 복장이나 액세서리, 머리장식, 코사지 등으로 꾸미게 되었을 때 모인 사람들의 결속력이 돋보이고 더욱 흥미 있는 모임의 기회가 될 수 있다.

경우에 따라 초청장에 '화이트 타이white tie'나 '블랙 타이black tie'라는 복장이 지정되기도 한다. 초청장에 '화이트 타이white tie'라고 적혀 있으면 남성은 연미복, 여성은 이브닝드레스를 입고 참석하라는 뜻이다. 이것은 정식 예복으로 격조 높은 디너파티나 리셉션에서 요구된다.

남성

연미복

- 흰색 나비넥타이 조끼는 백색
- 와이셔츠는 백색의 윙 칼라(wing collar)
- 장갑은 흰색키드(염소가죽 장갑)
- 잘 손질된 머리
- 검은색 양말
- 구두는 에나멜 단화

여성

이브닝드레스

- 어깨가 드러나는 롱 드레스
- 이브닝슈즈 혹은 펌프스 하이힐(옷과 같은 천이나 금은사로 만든)
- 파우치(pouch)

'블랙 타이(black tie)'라고 적혀 있으면 남성은 턱시도, 여성은 칵테일 드레스를 입게 되며 남성은 모닝코트, 여성은 세미 이브닝드레스 혹은 디너 드레스를 입어도 상관없다.

남성

턱시도

- 와이셔츠는 백색의 윙 칼라(wing collar)
- 나비넥타이
- 조끼는 백색
- 잘 손질된 머리
- 검은색 양말
- 구두는 에나멜 단화

여성

칵테일 드레스

- 롱드레스 혹은 세미드레스
- 이브닝슈즈 혹은 펌프스 하이힐
- 파우치(pouch)

평상시의 정장차림인 경우 남성은 블랙슈트black suit 혹은 어두운 색상의 정장을 입고, 이때 와이셔츠는 보통 흰색을 입고 검은색 양말과 검은색 단화를 착용한다. 여성은 원피스나 슈트를 착용하며 코사지나 액세서리로 장식하면 더욱 효과적이다.

남성

- 보통의 흰색 와이셔츠
- 블랙슈트
- 검은색 양말
- 검은색 단화

여성

- 흑색이나 차분한 색상의 원피스
- 코사지(corsage)와 같은 액세서리
- 에나멜이나 헝겊 등의 펌프스나 샌들형 구두

Tip ● ● ● 디너파티의 복장 포인트

여성은 미니스커트나 부츠를 착용하지 않는 것이 좋으며 바지보다는 스커트를 준비하도록 한다. 그리고 짙은 립스틱이나 향수, 헤어제품 등으로 심하게 냄새가 나지 않도록 주의한다. 액세서리의 경우, 낮 모임은 지나치게 번쩍거리는 것은 피하는 것이 좋지만 저녁 모임은 낮보다 조금 화려하게 보이는 것이 어울린다.

여성의 모자는 의상으로 보기 때문에 벗지 않는 것이 원칙이나 스포츠용 모자나 지나치게 커서 상대방에게 부담을 주는 경우에는 삼가도록 한다. 결국 파티의 성격을 파악하고 나아가 자신의 입장에 어울리는 옷차림이 되도록 한다.

4) 예약하기

대중식당과는 달리 고급 레스토랑은 예약을 하고 가는 것이 좋다. 모처럼 손님을 모시고 갔다가 자리가 없으면 난감하기도 하며, 레스토랑의 웨이터도 예약 없이 오는 손님에게는 서비스에서 약간은 소홀할 수도 있기 때문이다.

예약할 때는 식사할 인원수, 일시, 예약자의 이름과 연락처를 밝혀야 하며 식사모임의 목적이나 요구사항을 알려주면 그에 맞는 서비스를 받을 수도 있다. 그리고 예약할 때 금액을 알아보는 것도 편안하게 식사를 즐길 수 있는 방법이 될 수 있다.

규모가 큰 행사라면 직접 찾아가서 메뉴와 장소 확인, 테이블 모양, 테이블 배치, 꽃 장식 등을 파악하여 사전에 협의가 이루어지면 행사를 치르는 데 도움이 된다. 예산과 모임의 목적에 따라 메뉴를 정하게 되고 지나치게 아는 척하기보다는 확실한 요구사항을 정한 뒤 레스토랑 측에 맡기는 것이 좋다.

5) 지정석

고급 레스토랑은 지정석으로 운영되므로 일류 레스토랑에 가면 앉고 싶은 자리에 마음대로 앉아서는 안된다. 레스토랑 입구에는 웨이터가 손님을 안내하기 위하여 서서 대기하고 있다. 이때 웨이터에게 "조용한 자리가 없습니까?", "창가의 자리가 좋겠습니다만" 하고 희망사항을 말할 수 있다.

고급 레스토랑에 갈 때 슬리퍼나 반바지 차림으로 옷을 허술하게 입으면 입장이 안될 수도 있고 구석진 곳으로 안내받을 수도 있으므로 장소에 맞는 옷차림으로 언제 어디서나 환영받을 수 있도록 한다.

6) 클로크 룸과 화장실 사용

레스토랑이나 파티장에는 식사에 방해받을 물건은 가지고 들어가지 않도록 한다. 커다란 가방이나 레인코트, 오버코트over coat 등은 클로크 룸cloak room에 맡기도록 한다. 이때 클로크 룸을 이용하는 것은 무료이며 물건을 맡김과 동시에 번호표를 받는다. 레스토랑에 들어갈 때 여성은 가벼운 핸드백만을 휴대하는 것이 좋다.

그리고 파티장에 들어가기 전에는 먼저 화장실wash room을 찾아 손을 씻어 청결함과 동시에 차가운 상태가 되도록 하여 악수를 할 때 산뜻한 손으로 상대방에게 불쾌감을 주지 않도록 한다. 또한 화장실을 사용한 후에는 변기 뚜껑을 닫고 나오는 습관을 들이도록 하고 손 닦은 휴지를 이용하여 세면대 주변의 물을 닦아 청결한 상태를 유지하도록 한다.

마지막으로 남성은 넥타이를 바로잡고 머리가 흐트러지지는 않았는지, 옷차림은 반듯한지를 체크하고, 여성은 화장상태를 확인하며 옷매무새를 가다듬어 식사장소에 들어갈 수 있는 준비를 완료한다.

7) 레이디 퍼스트

레스토랑에 들어가기 전 입구에 위치한 클로크 룸에 코트를 벗어 맡길 경우 가까운 사이라면 남성이 여성을 도와주도록 한다. 번호표를 받아 두었다가 레스토랑을 나갈 때 코트를 받은 후 역시 여성이 코트를 편안하게 입도록 도와준다.

안으로 들어갈 때, 웨이터가 있는 경우의 입장 순서는 웨이터 뒤에 여성이 그리고 남성의 순으로 입장하게 된다. 웨이터가 의자를 빼어 권하는 자리가 상석이 되며, 뒤따라온 여성이 앉게 된다. 웨이터가 없는 경우에는 남성이 먼저 들어가게 되고 의자를 빼어 여성이 앉도록 권한다.

8) 상석

정식 모임에서는 좌석 배열이 중요한 의미를 갖는다.

호스트와 호스티스를 중심으로 가까이 앉을수록 상석이 되고 부부간에 나란히 앉지 않는 것이 서양의 관행이지만, 신혼부부는 예외에 속하여 같이 앉도록 자리를 배치한다. 호스트나 호스티스가 자리를 권하면 사양하지 말고 자연스럽게 앉는 것이 좋으며 손님끼리 서로 앉기를 권하는 실랑이는 보기 좋지 않다.

남성은 자신의 오른쪽에 앉은 여성에 대하여 호스트 역할을 맡게 되고 여성이 자리에 앉을 때 의자를 빼어 도와주는 등의 역할을 하게 된다.

웨이터가 가장 먼저 의자를 빼어주는 자리가 상석이 되고 주빈이 앉게 되며, 상석이란 입구에서 떨어진 자리, 창 밖 경치가 잘 보이는 자리, 쇼나 행사 등이 잘 보이는 자리가 상석이 되므로 평소에 몸에 익혀 실수하지 않도록 한다.

9) 브렉퍼스트Breakfast

호텔에서 아침식사를 할 경우 룸서비스를 신청하여 방에서 식사할 수도 있고 식당에 가서 할 수도 있다. 브렉퍼스트는 크게 아메리칸 브렉퍼스트와 콘티넨탈 브렉퍼스트로 나눌 수 있고 이외에도 브렉퍼스트 뷔페, 한식, 일식 등으로 나누어지기도 한다.

아메리칸 브렉퍼스트American Breakfast에는 주스, 시리얼, 달걀요리, 빵, 커피 또는 홍차가 제공된다. 주스는 오렌지, 토마토, 그레이프프루츠자몽 등이 있고, 여러 종류의 플레이크에 우유를 넣어 먹는 시리얼이나 오트밀에 우유 넣고 끓인 부드러운 오트밀도 있으며 달걀요리에는 햄이나 베이컨이 함께 제공된다. 빵도 토스트나 롤빵, 크루아상 같은 종류가 나오고 토스트는 아침식사에만 제공되며 왼손으로 빵을 잡고 버터나이프를 이용하여 1/4등분한 후 버터나 잼을 발라 먹는다. 커피나 홍차는 식사 시작할 때 마실 수도 있고 식사가 끝날 때쯤 주문해서 마셔도 좋다.

콘티넨탈 브렉퍼스트Continental Breakfast는 빵과 커피만 제공되는 아침식사로 유럽의 호텔에서 볼 수 있으나 근래에는 열심히 일하기 위하여 아침을 든든하게 먹는 경향으로 그리 선호하지는 않는다.

아침식사를 할 경우에는 가벼운 옷차림이 좋으므로 남성은 넥타이 없이 캐주얼 차림으로 입는 것도 좋다. 하지만 슬리퍼를 신고 식당에 출입해서는 안된다.

삶은 달걀 먹기

Tip

냄비에 물과 달걀을 넣고 불에 올린 후 끓기 시작하고 나서 7분간 삶으면 반숙이 되고, 12분간 삶으면 완숙이 된다. 에그 스탠드에 삶은 달걀이 나오면 숟가락으로 윗부분을 두드려 손으로 껍질을 조금 벗긴 후에 먹는다.

윗부분부터 먹기 시작한다.

다 먹은 후 뒤집어 놓는다.

10) 런치

런치는 풀코스가 아닌 보통의 디너에 비하여 가벼운 메뉴로 구성된다. 즉 수프나 샐러드, 생선요리나 고기요리인 메인요리, 커피의 순으로 구성된다. 이때 빵이 곁들여지기도 한다. 메인과 커피만 주문해도 좋고 파스타 한 가지만 주문해도 된다. 점심에는 와인이나 맥주를 마실 수 있으나 낮인 만큼 얼굴이 빨개지지 않도록 가볍게 마시도록 한다.

11) 브런치Brunch

브런치는 오전 10시 이후 12시 사이에 하게 되는 식사로 브렉퍼스트breakfast와 런치lunch의 합성어이다. 여러 가지 빵, 와플과 주스, 햄이나 치킨, 양이 적은 스테이크와 같이 가벼운 요리로 구성되며 뷔페스타일로 제공되는 브런치도 있다.

12) 디너Dinner

하루 중의 주요 식사로 만찬, 정찬을 뜻하며 손님을 초대할 때는 디너에 초대하는 것이 예의로 되어 있고 잘 갖추어진 테이블 세팅과 여러 종류의 음식으로 구성된 메뉴가 제공된다. 모임의 성격에 따라 복장을 잘 갖추도록 한다.

13) 풀코스메뉴

메뉴를 받으면 천천히 살펴보도록 한다. 웨이터가 기다린다고 해서 서두를 필요는 없다. 풀코스는 정식 디너나 정식 초대행사에 나오는 요리로 전채요리부터 시작하여 수프, 샐러드, 생선요리, 스테이크, 디저트, 커피의 순으로 진행되며 코스 메뉴는 스테이크가 중심이 되어 짜여진 7종류의 메뉴로 가까운 사이라면 수프, 스테이크, 커피 정도로만 주문해서 먹는 경우도 많다.

주문할 경우 옆에서 식사하는 사람을 손가락으로 가리키며 "같은 메뉴로 주세요"라고 하면 점잖지 못하다. 메뉴를 보면 복잡하게 기재되어 있어 뭐가 뭔지 잘 모를 수 있으므로 이때는 웨이터에게 물어보도록 하며 평소 메뉴에서 자신이 좋아하는 한두 가지 요리 이름을 알아둘 필요도 있다.

Tip 식시의 내용에 따른 3분류

① 정식요리(Table d'hôte): Full course

내용에 맞추어 미리 구성된 코스요리로 A course, B course 등으로 구분된다.

② 일품요리(A la carte)

전채요리부터 시작하여 디저트까지 고객의 기호에 따라 메뉴를 선택하게 되며 위의 정식요리보다 대체로 가격이 높다.

③ 특별요리(Plat du jour): Special menu

주방장의 추천에 의하여 이루어진 '오늘의 특별요리'로 불린다. 계절에 어울리는 재료나 시장에서 좋은 식자재를 구입하였을 때 구성하게 된다.

14) 풀코스의 테이블 세팅

메인접시는 식사하는 사람이 편안한 자세로 식사할 수 있도록 식탁의 가장자리에서 2~3cm의 간격을 두고 놓이게 되며, 커틀러리는 메인접시를 중심으로 양옆에 세팅된다. 오른쪽에는 스푼과 나이프가 놓이고, 왼쪽에는 포크가 놓이는데, 서브되는 요리의 가짓수에 따라 커틀러리의 숫자는 달라지며 사용하는 순서대로 놓여 있으므로 바깥쪽부터 사용하도록 한다. 생선용 나이프는 부드러운 생선을 자르게 되므로 날이 무디게 되어 있다.

15) 생수의 종류

고급 레스토랑에 가면 간혹 마시는 물을 주문하는 경우가 있다. 일반 생수는 그냥 마시면 되지만 본인이 원하는 생수를 특별히 주문하게 되면 음식가격 외에 추가의 가격을 부담해야 한다. 이때 당황하지 않고 일반 생수를 부탁해도 되고 별도의 생수를 주문할 수 있는데, 이럴 경우에는 레스토랑에 비치되어 있는 생수의 종류를 물어보는 것이 좋다. 이러한 경우는 외국에서도 일어날 수 있으므로 생수의 종류를 몇 가지 알아두면 당황하지 않고 편안하게 대처할 수 있다.

일반적으로 생수는 탄산가스가 들어 있는 물과 그렇지 않은 물로 구분할 수 있으며 세계적으로 유명한 상표를 알아두도록 한다.

Tip ●●● 비탄산음료

① 에비앙 생수Evian water : 프랑스 남동부 론알프주 오트사부아현에 있는 에비앙에서 나는 천연광천수로 다량의 광물질을 함유하고 있으며 탄산가스가 없는 양질의 음료로 유명하다.

② 젤처 생수Seltzer water : 독일의 온천도시로 유명한 비스바덴(Wiesbaden)에서 생산되는 천연광천수이다.

탄산음료

Tip

① 초정 탄산수 : 대한민국 초정리의 광천수로 세계적으로 인정받는 생수이다.

② 페리에 생수Perrier water : 프랑스산으로 세계 탄산생수의 대명사격이다.

③ 비시 생수Vichy water : 프랑스의 광천도시 비시에서 나는 탄산생수이다.

16) 테이블에서의 좌석배치

미국의 문화인류학자인 에드워드 홀E.T. Hall에 의하면, 공간배치에 있어 배치된 구도는 사람들의 공간구성 작용에 큰 영향을 미친다는 실험으로 대화의 빈도가 좌석 위치에 따라 달라짐을 나타냈다.

테이블 위에서의 상호관계를 살펴보면 직각으로 대하는 a와 a로 앉았을 때의 대화가 건너편의 마주 대하는 b와 b에 앉았을 때보다 6배에 달했고, 옆으로 나란히 앉은 c와 c의 유형보다 두 배나 많은 결과를 보여주었다. 이는 보편적으로 적용될 수는 없지만 다양한 공간이 있어서 사람들이 경우와 기분에 따라 선택할 수 있는 기능 간의 조화와 유연성에 대하여도 언급하였다.

이로써 테이블에서의 좌석배치도 일관되고 고정된 배치에서 벗어나 위치의 변화를 줌으로써 소통하는 방법의 다양성을 참고하도록 한다.

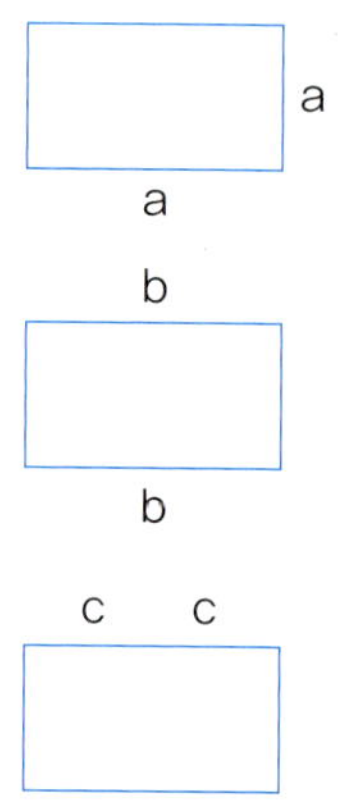

17) 노화는 자세에서부터

앉아 있을 때나 서 있을 때의 반듯한 모습, 등을 쭉 펴고 반듯하게 걸어가는 여성은 품위 있는 분위기를 느끼게 한다. 우선 서 있는 모습에서 허리를 반듯하게 펴고 발은 가지런히 한다. 손은 앞으로 모아 가지런히 잡고 얼굴은 편안히 한 상태로 하며 턱은 약간 끌어당겨 주며 눈동자는 1m 정도의 앞쪽을 자연스레 바라본다. 어깨가 처져 있거나 허리가 구부정하면 기운이 없어 보이고 자신감도 없어 보인다.

대부분의 여성들이 노화라 하면 우선 얼굴의 주름살과 피부부터 신경 쓰지만 나이에 어울리는 주름살은 세월의 아름다운 훈장일 수 있다. 하지만 자칫 무관심하며 지나칠 수 있는 것이 바로 자세이다. 자세도 본인의 노력에 따라 반듯함과 구부정한 개인차를 많이 볼 수 있다. 노력하면서 가다듬어 나가면 나이가 들어도 자세를 반듯하게 유지할 수 있고, 자세가 반듯하면 젊어 보일 뿐 아니라 건강하고 당당해 보이며 의상도 멋지게 소화해 낼 수 있다.

여러 가지 운동을 통하여 자신의 건강과 신체를 다듬을 수 있도록 노력하는 일상이 되도록 한다. 가볍게 집 근처의 시설을 이용할 수도 있고 집에서도 시간을 내어 스트레칭이나 가벼운 몸동작으로 유연성과 반듯함을 위해 하루 중 일정한 시간을 정하여 꾸준히 노력하도록 한다. 평소에는 대부분의 행동이 앞이나 아래를 향해 있으므로 이러한 자세를 오래도록 취하다 보면 자연스레 등이 구부정하게 되는 것이다. 그러므로 이와 반대의 자세를 취하는 것은 몸이 앞으로 굽는 것을 더디게 한다.

항상 골반에서부터 등을 반듯하게 세우고 가슴을 펴서 당당하게 서 있는 자세가 되도록 한다. 이러한 자세는 하루아침에 이루어지는 것이 아니므로 조금씩 실천하여 반듯한 자신의 모습을 상상하며 꾸준히 노력하도록 한다. 아름다운 나는 어려움을 극복하여 얻어지는 값진 결실인 것이다.

Tip 아름다운 자세 만들기

꾸준한 실천을 통하여 등 근육을 풀어주고 등을 펴주며 아름다운 가슴선을 만들어 반듯한 자세를 유지할 수 있는 방법을 소개한다. 이때도 항상 허리를 반듯하게 편 상태에서 동작을 하는 것이 중요하다.

앉은 산 자세

두 손을 깍지 끼워 머리 위로 뻗은 후 손바닥을 위로 하고 귀 가까이 붙여 수직으로 뻗는다. 오른쪽, 왼쪽으로 기울이거나 앞뒤로 흔들어주기도 한다.

무드라 자세

무릎을 꿇고 앉아 등 뒤에서 깍지 낀 후 상체를 앞으로 숙여 이마를 바닥에 닿게 한다. 깍지 낀 팔은 될 수 있는 대로 머리 쪽을 향하게 한다.

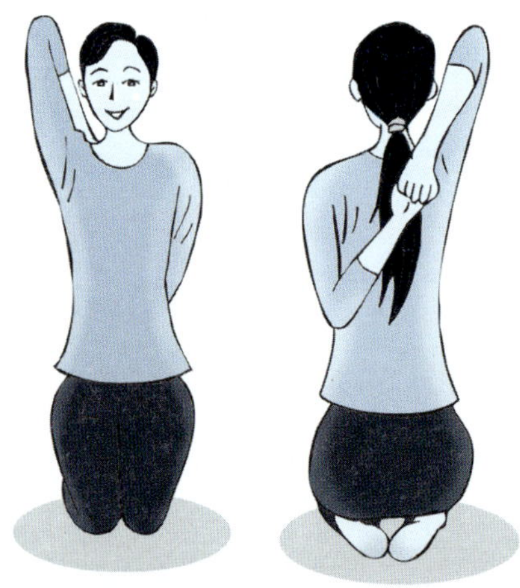

소머리 자세

무릎을 꿇고 양 손을 등 뒤로 보내 위아래로 잡은 후 서로 마주잡는다. 교대한다. 처음에는 손이 잡히지 않는 경우도 있으나 꾸준한 반복동작을 통하여 손을 잡게 된다.

강하게 앞으로 구부리기 자세

다리 뻗고 앉아 두 팔을 들어올린 후 상체를 앞으로 숙여 발가락을 잡는다. 무릎 뒤가 바닥에 닿도록 한다.

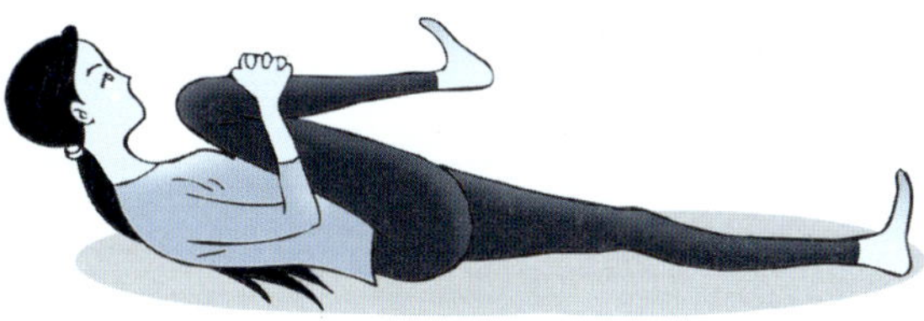

바람빼기 자세

등을 대고 누워 오른쪽 무릎을 구부려 두 손으로 감싸 가슴 쪽으로 당긴다. 왼발은 펴서 뻗고 바꾸어 반복한다. 양 발을 구부려 당기기도 한다.

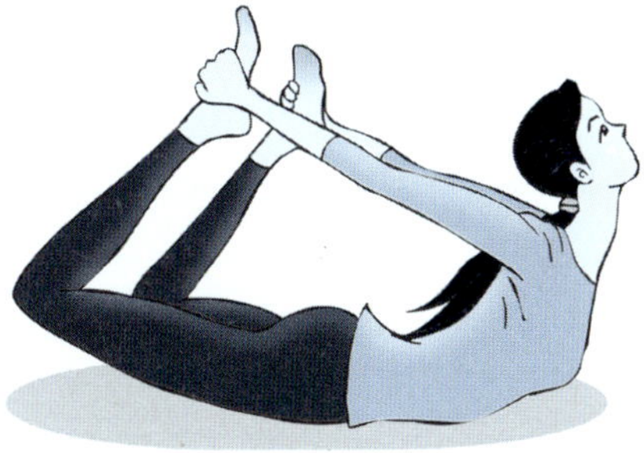

활 자세

배를 대고 엎드린 후 두 무릎을 구부려 두 손으로 발목을 잡고 두 다리와 두 팔을 들어올린다.

두 손을 위로 뻗어 늘이기 자세

선 자세에서 두 손을 머리 위로 뻗고 손바닥을 안으로 한 후 쭉 늘인다.

PART 2

테이블 톱의 5대 요소

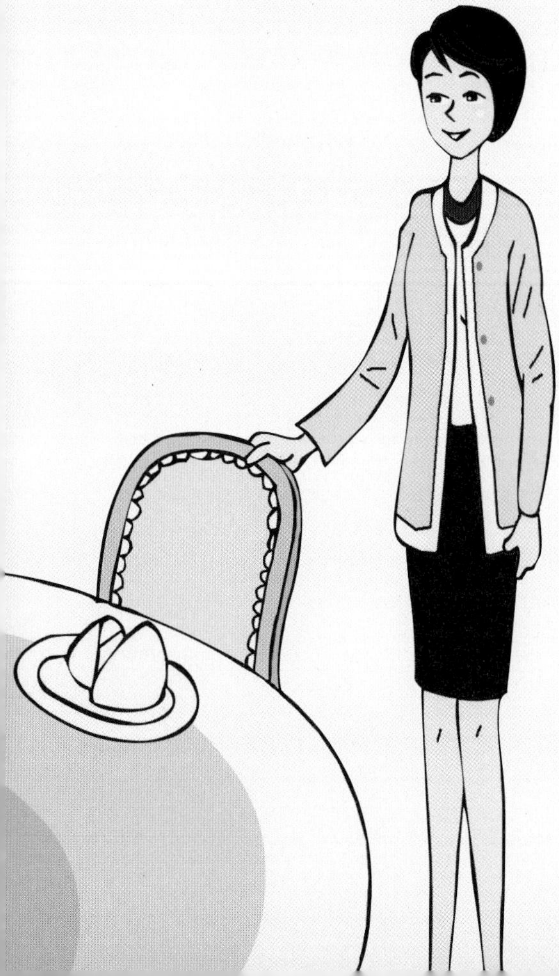

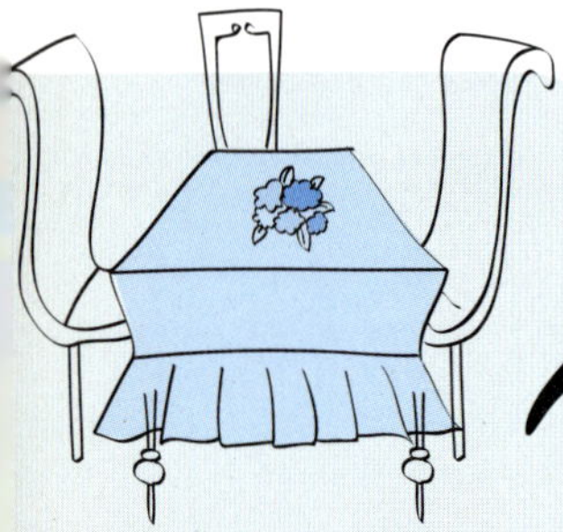

2 테이블 톱top의 5대 요소

테이블 세팅은 테이블에 필요한 여러 가지 도구들을 테이블 위에 차려놓는 것을 말하며, 테이블 톱의 기본 요소는 디너웨어dinnerware, 커틀러리cutlery, 글라스웨어glassware, 리넨linen, 센터피스centerpiece를 말한다.

1) 디너웨어

식사할 때 사용되는 각종 그릇을 가리키는 말로, 식기 또는 차이나china라고 한다. 디너웨어는 음식이 정해진 다음 음식에 맞게 선택되는 것으로 음식을 돋보이게 하고 흥미로운 대화를 이끌어내는 중요한 요소로 자리한다.

오래전부터 사람들은 흙으로 구워 만든 용기를 생활도구로 이용해 왔고, 이후 시간이 지남에 따라 단단하고 실용적이며 아름다운 식기제작에 힘써왔다. 표면의 무늬가 반투명하고, 두드리면 경쾌하며 맑은 소리가 나는 자기磁器의 소성법塑性法은 오랫동안 중국인만이 알고 있었고, 차茶와 함께 실크로드silk road를 타고 넘어간 자기는 유럽인들에게는 오랫동안 동경의 대상이었고 중국에서 온 그릇이라 하여 차이나라고 불렀다.

유럽인들의 동양 자기에 대한 선망과 경이로움은 이와 유사한 제품을 만들게 되는 자극이 되었고, 1709년 독일의 아우구스투스Caeser Augustus 대제에 의하여 뵈트거J.F. Bottger, 1682~1719가 유럽 최초의 자기를 개발하게 되어 1710년 독일의 드레스덴Dresden 부근에 마이센Maissen 요窯를 창설하게 되었다.

뒤를 이어 오스트리아 빈(Wien), 프랑스의 세브르Sevres, 이탈리아의 리처드 지노리Richard Ginori 등이 경쟁적으로 만들어지게 되었고, 1749년에는 본차이나Bone China가 탄생하게 된다.

식기의 종류는 소재와 소성법에 따라 크게 자기磁器, Porcelaine, 도기陶器, Faience, 본차이나Bone China로 나눌 수 있다. 자기는 고령

토인 카올리나이트Kaolinite를 주성분으로 하여 약 1,300~1,400℃에서 구운 것으로 모든 도자기 중에서 가장 단단하고 실용적이며 우아한 자리에 어울린다. 도기는 찰흙에 모래를 섞어 반죽한 후 비교적 낮은 온도인 600~900℃에서 구운 것으로 두께가 있는 투박한 그릇으로 깨지기 쉬우나 착색이 쉬워 다양한 색과 무늬를 즐길 수 있다. 유약을 칠하지 않으면 습기나 공기를 통과시킨다. 본차이나는 소뼈를 태워 재를 만든 후 흙과 함께 섞어 자기보다 낮은 온도인

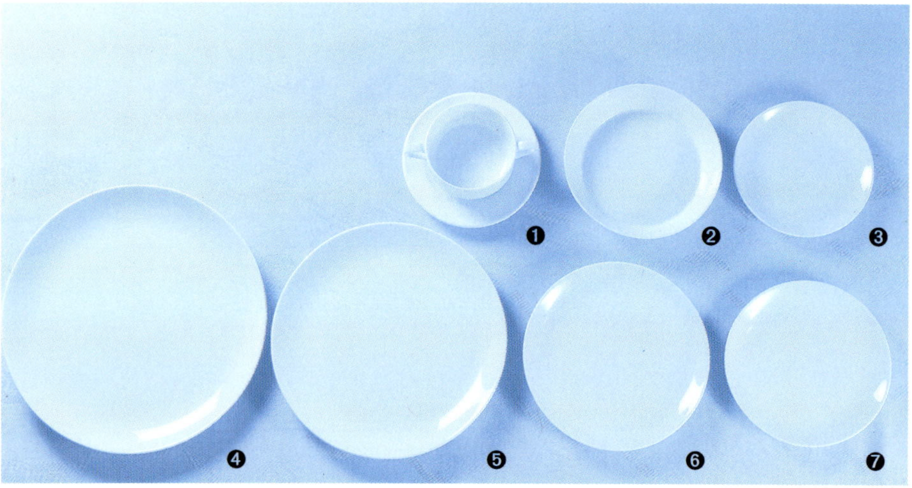

기본식기

① 콩소메 수프(consomme soup) ② 수프(soup) ③ 빵(bread)
④ 장식(assiette de presentation) ⑤ 메인요리(main dish) ⑥ 디저트(dessert)
⑦ 샐러드(salad)

1,260℃에서 구워 크림색이 도는 흰색의 반투명한 것으로 어느 곳에나 잘 어울린다.

가정용의 기본 요소는 보통 음식, 디저트, 케이크로 구성되는 3가지 종류부터 시작되며, 음식과 오드블용이 추가될 수 있다. 이처럼 한 가지씩 종류를 늘리면 다양한 상차림을 구성할 수 있다.

(1) 접시dish, assiette

① 직경 25cm인 디너 접시는 메인main요리를 담는다. 미트meat접시라고도 한다. 어패류요리도 이 접시를 사용한다. 레스토랑(Restaurant)이나 호텔(Hotel)에서는 디너 접시로 디저트 접시를 사용할 때도 있다. 넓은 스페이스를 이용하여 더욱 멋있게 담기 위하여서이다.

② 중형의 디저트 접시는 오드블용으로 쓴다. 또한 푸르츠 접시나 치즈용으로 쓰고 있다. 즉 넓은 사용범위로 쓰이고 있다.

③ 새로운 경향으로 장식접시는 필수품이 되었다. 직경 30cm, 28cm 2종류가 있으며, 그 밖에 대형 접시도 있다. 테이블에 세팅되어 있다가 식사가 시작되면 치워지거나 장식접시 위에 음식이 담긴 접시를 놓기도 한다.

■ 위치접시(아시에드 드 프레젠테이션)

식탁에 세트(set)할 때 제일 먼저 세트하는 접시로 식탁을 비워 두지 않고 화려하게 연출하는 데 사용한다.

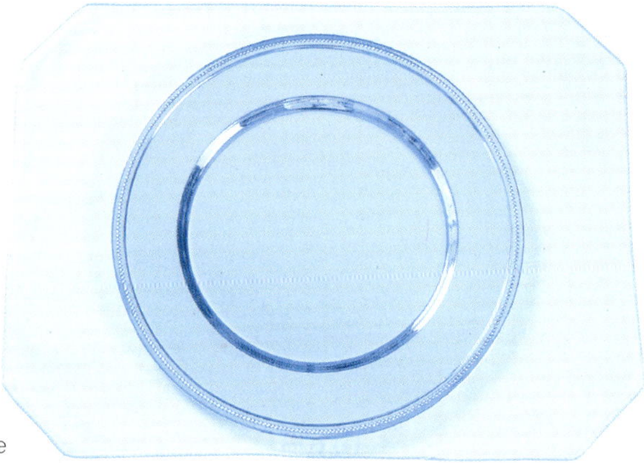

presentation plate, under plate

(2) 컵cup, tasse

카페오레는 크기가 크고 티컵은 볼이 벌어져 있으며 커피잔은 직선모양이고 데미타세 잔은 크기가 작다.

Cup
① cafe au lait cup ② tea cup ③ coffee cup ④ demi tasse cup

양식기의 선택방법과 구입방법

Tip

▪ 현명하게 선택하여 구입한다

일류라고 하는 명품의 양식기는 고가이지만 품질만큼은 우수하다. 한번 구입하게 되면 평생의 물건으로써 오랫동안 사용하는 것이 무엇보다 매력이라고 할 수 있다. 그런데 막상 아름다운 도자기나 글라스를 구입하려 하면 여러 가지로 망설여지고 무엇을 선택해야 좋을지 잘 모를 수도 있다.

자신의 마음에 들어서 식기를 구입하는 것은 물론이지만 잘못 선택하게 되면 그 식기를 잘 활용하는 것이 어렵게 된다. 보았을 때의 아름다움에 끌려 즉시 구입하는 것도 좋지만 집에 가지고 와서 사용하게 되면 어쩐지 실망할 수도 있다. 그것은 집의 인테리어나 가지고 있는 식기 등을 생각하지 않고 사버렸기 때문일지도 모른다. 정말 좋은 식기를

소서(saucer, 소스 담는 그릇)와 국자

Tip

구입했지만 찬장에서 자고 있지 않도록 후회하지 않는 구입방법을 알아 두는 것이 좋다. 양식기는 요리를 담기 위한 것일 뿐만 아니라 아름다운 장식으로 즐기기 위한 인테리어로 컬렉션으로서의 역할을 하는 경우도 있기 때문이다. 자신이 어떠한 방법으로 식기를 사용할 것인지를 잘 생각해서 구입하도록 한다.

장식용으로서의 그릇인지 실용성을 갖추는 그릇인지의 목적에 따라 선택방법이 달라진다. 실패하지 않기 위한 양식기 선택방법의 포인트에 대하여 알아보도록 하자. 현명한 선택방법, 구입방법을 터득하여 양식기를 즐겁게 사용하도록 한다.

■ 먼저 컵과 소서로

도자기의 대부분은 시리즈로 나오기 때문에 여러 가지 용도에 맞추어 큰 접시부터 슈가 포트까지 준비한다. 처음으로 준비한다면 디너접시, 샐러드접시, 수프그릇, 티컵 그리고 소서가 편리하지만 반드시 이렇게 해야 하는 것은 아니다.

세트부터 구입하기보다 컵과 소서를 먼저 구입하여 사용해 본 후 여유있게 다른 아이템을 장만하는 것이 좋다.

이때 주의할 것은 오픈 스토크인지 아닌지의 확인이다. 일류 메이커에서 나오는 대부분의 상품은 오랫동안 동일한 물건을 만들기는 하지만 추가 구입하고자 할 때 같은 물건을 살 수 있는지에 관해서도 확인해 두도록 한다.

■ 충동구매하지 말고 충분히 생각한다

Tip

양식기의 경우 여러 가게를 방문하여 살펴본 후 천천히 구입하는 것이 좋다. 여러 브랜드에서도 고가의 일류 상품을 만들고 있으므로 어떠한 가게에서 구입하여도 품질은 크게 다르지 않다. 결국 다양한 종류의 식기가 나와 있으므로 여러 가게를 다녀보고 구입하는 것이 좋다. 브랜드에는 나름대로의 특징이 있기 때문에 양식기에 관한 최소한의 지식을 알아두는 것도 좋은 방법이다.

어떠한 방법으로 식기를 활용할 것인지에 따라 컬러와 문양, 크기 등을 체크하는 것이 식기 선택의 포인트이다.

오랫동안 사용할 것이라면 반드시 손으로 들어보아 무게나 크기 등의 섬세한 것까지 체크하여 실용성까지 확인해 보도록 한다.

상점의 직원과 상담해 보면서 정보를 얻는 것도 좋은 방법이다.

직수입의 바겐세일이나 외국제품을 구입할 경우에도 특별히 신경을 쓰도록 한다. 컬러가 희미하거나 무늬가 반듯하지 않은 경우도 있는데 한번 보아서는 눈에 잘 띄지 않는 부분이므로 세심한 곳까지 잘 살펴보도록 한다.

일류 브랜드에서 나온 롱 셀러의 상품은 오랫동안 사랑받은 것만으로도 좋은 물건임이 증명된 셈인 만큼 사용하기 쉽고 싫증나지 않는 좋은 상품이다. 비싸게 구입하였지만 그만큼의 매력이 있는 것이다.

Tip ■ 해외에서 구입하는 경우

해외에서 양식기를 구입하는 경우에는 특별히 주의해야 한다. 한국에 가져온 상품의 반품 · 교환이 쉽지 않기 때문이다. 구입할 때 파손되었는지 구입한 상품이 다르지 않은지 등을 잘 살펴보도록 한다.

직접 가져오는 경우에도 구입한 상품은 손으로 들어서 조심스럽게 다루도록 한다. 항공이나 선박으로 운송되는 경우에는 보험에 들어두는 것이 좋다. 파손된 경우 일정 기간 동안 상품을 보장받을 수 있기 때문이다. 별개의 상품이 도착하거나 상품이 파손되는 사고가 있을 경우 반드시 연락하여 대처하도록 한다. 그때를 위해서라도 주문서와 상품명세 등이 적혀 있는 전표는 반드시 체크하여 꼭 보관해 두어야 한다.

■ 인테리어와 어울리는 식기

식기를 구입할 경우 여러 가지 테이블 세팅의 이미지를 떠올리기도 하지만, 도자기를 구입하는 경우 가장 중요한 것은 인테리어와 어울리는가이다. 컨트리풍이나 엘레강스 혹은 모던 등 집안의 인테리어는 어떤 스타일인지 생각하여 선택한다.

마음에 든 식기가 있다 하여도 식탁이나 그 밖의 가구와 어울리지 않으면 생각한 만큼의 연출이 되지 않는다. 식기도 인테리어의 한 부분으로서 종합적으로 생각해 둔다.

Tip

■ 여러 가지 종류의 접시는 같은 크기의 것으로

다음으로 수납장소를 생각한다. 도자기를 시리즈로 구입하고 싶을 경우 보관하는 장소가 커다란 포인트가 될 수 있다. 도자기를 구입하는 경우 인테리어와의 조화와 수납장소 등 세밀한 부분까지 고려해야 한다.

접시나 컵, 소서는 시리즈로 구입하지 않아도 재미있다. 여러 가지 접시를 컬렉션으로 구입하고자 하는 경우 될 수 있는 대로 크기를 맞추어서 구입하는 것이 좋다. 사용하고 싶을 때 꺼내기 쉽고 수납하기도 편리하기 때문이다. 무엇보다 사용하기 쉽고, 감상하기 좋은 수납방법을 생각하는 것도 양식기 선택 시 고려해야 할 부분이다.

■ 코디네이트하기 쉬운 것은 심플한 백색

어떠한 식기가 좋은지 망설여질 때는 심플한 것으로, 어떠한 스타일이든 잘 어울릴 수 있는 하얀색의 식기를 선택하는 것이 좋다. 특히 처음 구입하는 경우에는 싫증나지 않는 백색이 적당하다.

코디네이트의 폭도 넓고 요리도 아름답게 보일 수 있는 것이 백색의 식기이다. 한마디로 말하면 백색의 식기는 심플한 것부터 복잡한 세팅까지 스타일이 다양하다. 동일한 백색이어도 자신이 좋아하는 스타일로 선택하도록 한다.

Tip ■ 양식기의 손질과 보관방법

씻을 때는 도기와 자기를 구분하여 조금씩 나누어 조심스레 씻는다.

양식기를 씻을 때는 먼저 도기와 자기로 나누어 놓는다. 이것은 도기와 자기의 흡수성이 다르기 때문이다. 자기는 대부분 흡수성이 없지만 도기는 물을 잘 흡수한다. 그렇기 때문에 같은 시간을 들여서 그릇을 씻는 것만으로 도기는 물을 많이 먹게 된다.

다른 또 하나의 포인트는 2~3개씩 씻는 일이다. 한꺼번에 씻게 되면 식기들이 부딪혀서 가장자리가 깨질 위험이 있다. 천천히, 조심스럽게 몇 개씩 나누어서 씻는다.

새로 산 양식기는 사용하기 전에 뜨거운 물을 한번 끼얹고 끓는 물에 넣었다 꺼내는 것이 좋다. 이는 소독과 냄새를 없애는 두 가지 효과가 있다.

사용 후 식기를 씻을 경우 물에 씻기 전에 티슈나 종이타월 등의 부드러운 종이로 닦아주는 것이 좋다. 특히 기름이 묻어 있는 경우에는 종이로 기름을 닦아낸 후에 씻도록 한다. 이렇게 하면 스펀지 등으로 힘들여 닦을 필요가 없기 때문에 식기에 상처가 나는 것을 방지할 수 있다.

세제를 사용할 경우에는 변질을 막기 위해 재질이 같은 것을 2~3개씩 나누어서 씻는다. 세제는 중성세제를 사용하는 것이 좋고 클렌저는 식기에 상처가 나기 쉬우므로 사용하지 않도록 한다. 그리고 같은 형태의 그릇끼리 씻어 나가는 것이 작업이 편하다. 될 수 있는 대로 부드러운 스펀지를 사용한다. 손잡이가 있는 컵을 씻을 경우에는 부드러운 털이 있는 칫솔을 이용하면 세심한 부분까지 닦을 수 있다.

Tip

찌든 자국이 있을 경우에는 컵 안에 소금이나 레몬, 혹은 크림 타입의 클렌저로 가볍게 문질러준다. 고급품이나 글라스 등의 경우 탄산칼슘이 들어 있는 세제를 사용하면 식기에 상처가 나는 것을 막을 수 있다. 그리고 표백제를 사용하고 싶을 경우 고급품은 산소계가 알맞고 일반 식기는 염소계로도 좋다.

세제로 씻은 후에는 미지근한 물로 헹구고, 마지막에는 뜨거운 물을 끼얹어준다. 이렇게 하면 살균소독효과가 있고, 그릇도 빨리 건조된다.

마지막으로 건조하는 과정에서는 자연건조가 가장 좋다. 마른 행주로 가볍게 닦거나, 받침 위에 올려놓는 정도로 좋다. 행주는 소독해 두는 것이 기본이다.

- 식기와 식기가 접촉하지 않도록 조금씩 사이를 두고 보관한다

고급 식기의 경우, 수납한다는 것보다 전시한다는 감각으로 한 개씩 나란히 늘어놓는 것이 이상적이다. 그러나 실제로는 수납공간이 제한되어 있으므로 겹쳐놓을 수밖에 없게 된다. 이 경우 부직포나 에어쿠션 등의 부드러운 재질을 그릇 사이사이에 올려놓아 식기가 직접 닿는 것을 막아준다.

- 손님용으로 평소에 사용하지 않는 식기는 헝겊에 싸두면 좋다

손님용 식기 등 평소에 사용하지 않는 식기는 헝겊으로 싸서 상자 안에 넣어서 보관하는 것이 좋다. 발이 자주 닿는 곳이라든지, 너무 높아서

Tip

떨어지는 일이 없도록 편평하고 안정감 있는 장소에 보관한다.

은기 등의 금속품은 수납만으로는 안된다. 금속품은 사용하게 되면 변색하거나 검게 변하므로 보관하기 전에 잘 닦아서 넣어두어야 오랫동안 잘 사용할 수 있게 된다. 금속품의 사용 후 처리는 물로 음식물을 씻어내고 중성세제로 닦는다. 부드러운 스펀지에 세제를 묻혀서 가볍게 문질러 닦는다. 금속제 닦는 연마제를 헝겊에 묻혀서 광택이 날 때까지 가볍게 문질러 닦는다. 다 닦은 후에는 금속제에 묻어 있는 연마제를 없애야 한다. 스펀지에 중성세제를 묻혀서 닦은 후 다시 한 번 물에 씻는다. 클렌저나 금속으로 된 용품은 제품에 상처가 나기 쉬우므로 사용하지 않도록 한다.

마지막에 마른 행주로 닦는다. 평소에 사용하는 제품이라면 이렇게 하여 수납하지만, 자주 사용하지 않는 은제품은 융 같은 천으로 싸서 보관한다.

2) 커틀러리

커틀러리는 음식을 먹기 위해 사용하는 도구를 말하며, 커틀러리 혹은 플랫웨어flatware, 실버웨어silverware라고도 한다. 여기에는 나이프, 스푼, 포크, 숟가락, 젓가락 등이 있으며 서양의 취식도구에 한하여 다루기로 한다.

■ **커틀러리의 종류**

❶ ❷ ❸ ❹ ❺

① 육류 ② 생선 ③ 오드블 ④ 디저트 ⑤ 케이크
* 접시의 크기에 따라 오드블과 고기 겸용으로 하기도 한다.

① 육류 ② 생선 ③ 오드블 ④ 디저트(치즈)

① 수프 ② 요리 ③ 디저트 ④ 차 ⑤ 데미타세

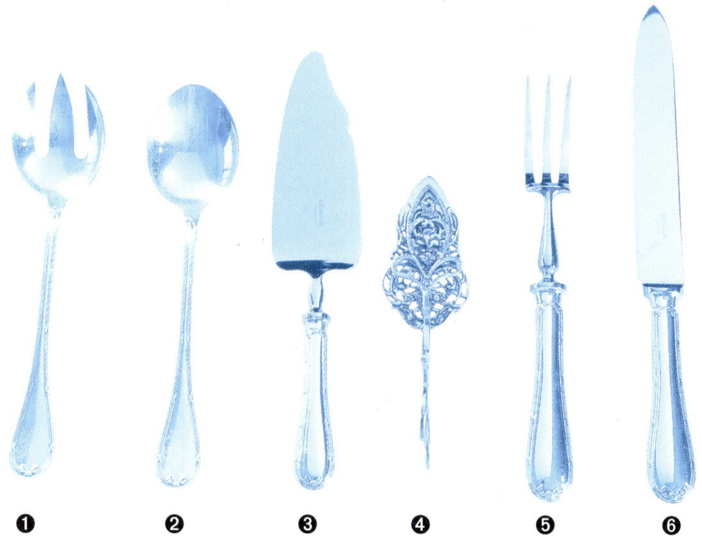

① salad serve fork ② salad serve spoon ③ cake server ④ cookie server
⑤ meat serve fork ⑥ meat serve knife

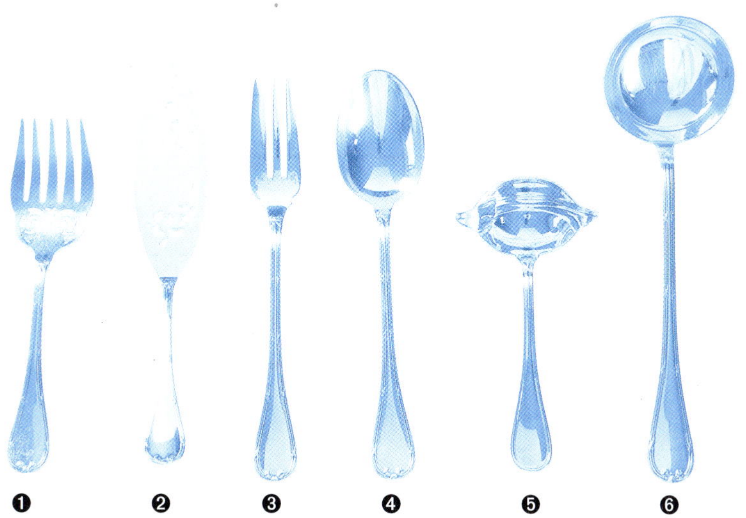

① fish serve fork ② fish serve knife ③ 요리 serve fork ④ 요리 serve spoon
⑤ gravy sauce ladle ⑥ serve ladle

Tip 커틀러리의 선택방법과 구입방법

자기나 글라스가 어느 정도 갖추어졌다면 커틀러리도 맞추어서 구입해 본다. 자기나 글라스에는 신경을 쓰는 사람이 많아도 커틀러리에 관해서는 소홀한 경우가 많다. 식기를 스타일에 맞추어서 선택하는 것처럼 커틀러리도 캐주얼용, 엘레강스 등과 같이 패턴을 바꾸어서 구입하는 것이 좋다.

커틀러리는 제품에 따라 디자인이 다양하고 쉽게 구입할 수 있는 가격부터 고가인 상품까지 있다. 자기나 글라스와 함께 코디네이트를 하였을 때 분위기에 어울릴 수 있는 커틀러리를 선택하도록 한다.

▪ 기능성이 높고 심플한 것으로

먼저 손으로 잡아서 드는 것이 편안한지 먹기 쉬운지 등의 기능성을 확인하고, 장식은 적당한 것으로 한다. 디자인성이 높은 것은 코디네이트가 어려우므로, 처음에는 심플한 것을 선택하는 것이 좋다. 접시, 식기류 등의 수준을 맞추는 것도 중요하다.

아이템은 먼저 디너나이프, 디너포크, 디저트스푼이나 디저트포크, 티스푼의 4피스를 일인분으로 하여 인원수에 맞게 준비하도록 한다.

▪ 장시간 사용할 경우에는 은도금을

커틀러리에는 은제품과 스테인리스제품이 있다. 은제품은 고급스러운 느낌이 있지만 흠이 나기 쉽고, 스테인리스제품은 편리한 점이 특징이다. 디

Tip

자인과 종류가 다양하여 사용하기 쉬우므로 재질에 구애받지 말고 스타일에 맞추어 선택하는 것도 좋다.

은제품이라도 처음에 갖추게 되면 은도금이 적당하다. 부드러운 광택과 손에 들었을 때의 묵직한 느낌이 은 특유의 좋은 점이라 할 수 있다. 은도금은 은제품보다 가격이 저렴하므로 구입하기 좋은 점이 특징이다. 하지만 소중하게 다루어야 한다. 손에 잡았을 때의 느낌이 좋고 전체적인 밸런스가 고려된 반짝이는 커틀러리는 아름다운 테이블 연출에 중요한 역할을 담당하고 있다.

■ **은기의 손질**

은기는 광택이 중요하다. 사용하기 전날 은기 닦는 전용세제를 이용하여 부드러운 천으로 닦거나 비오는 날 융 헝겊을 이용하여 닦으면 은은한 광택이 나는 은기를 사용할 수 있다.

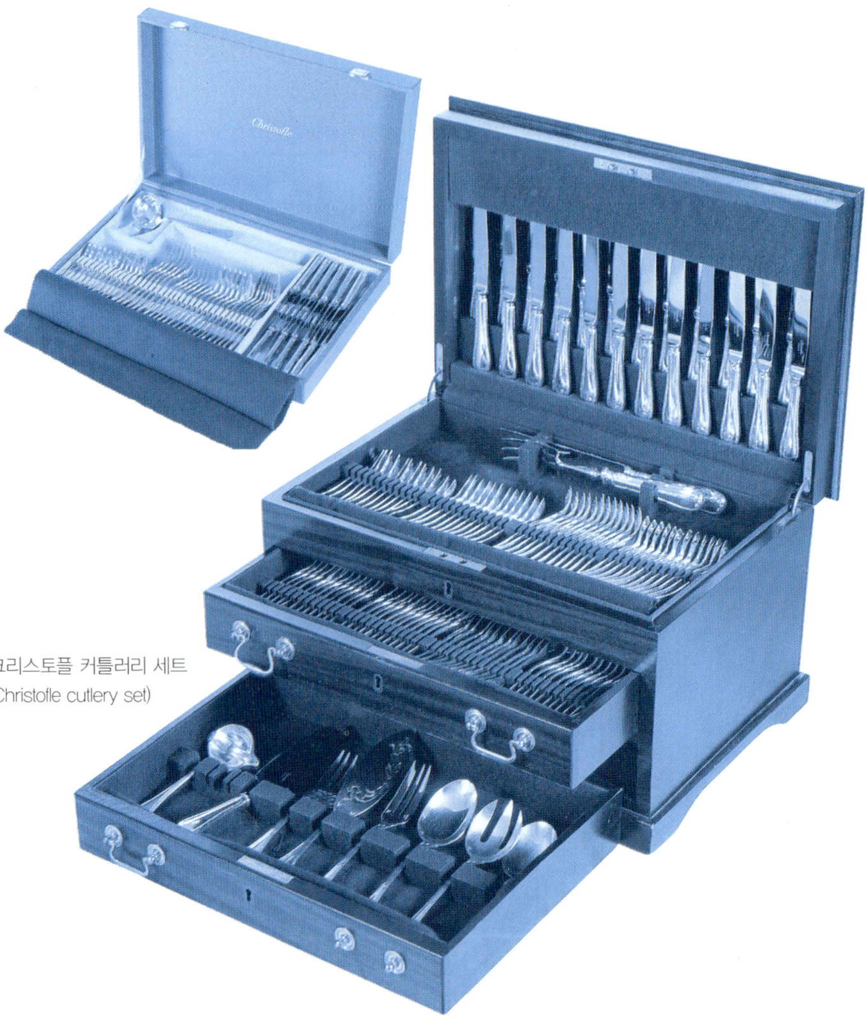

크리스토플 커틀러리 세트
(Christofle cutlery set)

3) 글라스

투명함이 특징인 글라스는 식사 중에 제공되는 글라스와 식전·식후에 제공되는 음료용 글라스로 나누어지며, 고블릿goblet, 레드와인red wine, 화이트와인white wine, 샴페인 글라스champagne glass, 텀블러tumbler 등이 있다.

글라스는 형태에 따라 크게 두 종류로 나누어진다. 볼bowl, 스템stem, 베이스base의 구조를 가진 글라스는 스템웨어인 고블릿으로 구분하며 물, 와인, 샴페인, 코냑 등을 마실 때 사용한다. 스템웨어의 목적은 물이나 아이스 티, 와인 등 차가운 음료를 마실 때 내용물이 체온에 의하여 더워지지 않고 차갑게 마실 수 있도록 한다. 이에 비해 스템 부분이 없는 글라스는 텀블러로 칵테일이나 주스, 음료수용으로 사용한다. 깨지기 쉬운 불편함으로 인하여 식기의 준비에서 가장 마지막에 구입하게 된다. 그러나 생활을 소중하게 생각하는 사람들은 글라스만큼 식탁에서 즐거움을 느끼는 것도 없다고 한다. 글라스는 식탁에서의 우아함과 화려함을 연출하는 데 있어 큰 역할을 담당한다.

■ 글라스의 부분 명칭

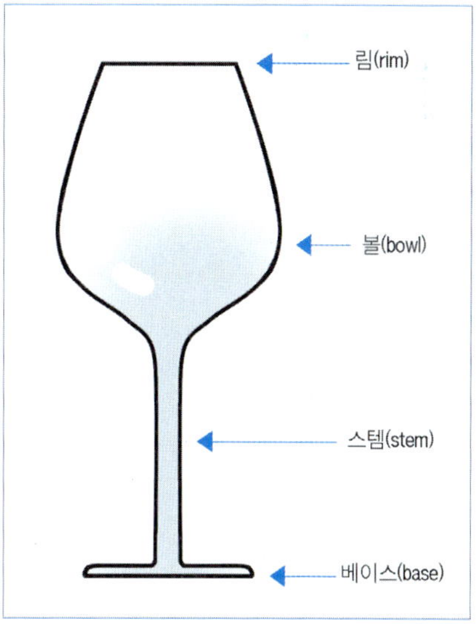

와인 글라스(Wine Glass)

① 보르도 글라스(Bourdeaux Glass)
② 버건디 글라스(Burgundy Glass)
③ 론 와인 그라스(Rhone Wine Glass)
④ 루아르 글라스(Loire Glass)
⑤ 그랑블랑 글라스(Grand Blancs Glass)

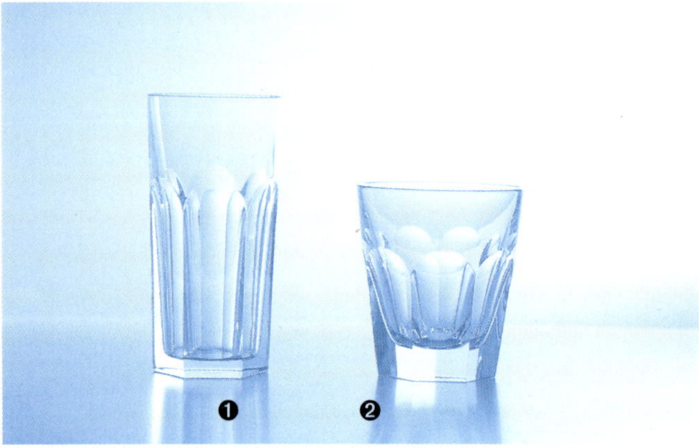

텀블러(Tumbler)

① 하이볼(Highball)
② 텀블러(Tumbler)

고블릿(Goblet)

① 샴페인 글라스(Champagne Flute)
② 샴페인 글라스(Champagne Flute)
③ 코냑 글라스(Cognac Glass)
④ 코냑 글라스(Cognac Glass)

① 디캔터 : 술의 색이 보이도록 투명한 용기에 옮겨 놓는다. 떫은 맛과 산미가 강한 와인은 뚜껑을 열어 디캔터에 옮겨 놓는다.

② 디캔터(Decanter) : 위스키를 따르기 위한 디캔터

③ 아이스버킷(Ice Bucket)

④ 피처(Pitcher) : 물, 주스, 술 등의 차가운 음료에 사용된다. 용기 안에 있는 액체가 보이도록 투명한 것이 좋다. 용도가 다양하기 때문에 하나 준비되면 소중하게 쓰인다.

⑤ 샴페인 버킷(Champagne Bucket)

Tip 글라스 선택과 구입방법

글라스도 자기와 같이 와인 글라스 하나를 보아도 여러 종류가 있으며 처음으로 구입한다면 심플한 것이 좋다. 자기와 밸런스를 생각하는 것도 중요하다. 심플한 것이라면 어떠한 그릇과 테이블클로스와도 대부분 잘 어울릴 수 있다.

글라스는 몇 개씩 세트로 갖추는 경우가 많아 깨지기 쉽고 숫자가 모자라기 쉬우므로 언제라도 사서 보충하는 것이 가능한 것으로 구입하는 것이 좋다.

먼저 심플한 것으로 준비한다. 글라스도 마시는 내용에 따라 몇 개의 종류를 준비하는 것이 이상적이지만, 먼저 심플한 것으로 준비하여 코디네이트나 여러 가지 용도로 사용하는 것을 즐겨보자. 심플한 글라스에 익숙해지면 다른 모양으로 조금 좋은 글라스를 구입해 보는 것도 좋다. 심플한 느낌이 있는 텀블러(Tumbler)는 용도가 다양하기 때문에 강화글라스를 사용하는 것이 좋다.

▪ 한 개 정도는 갖고 싶은 와인 글라스

와인을 맛있게 즐기기 위해서는 와인 글라스 선택에도 신경을 쓰도록 한다. 와인의 컬러를 즐기기 위해서는 선명하고 심플한 크리스털이 이상적이다. 마시는 입구가 좁은 것은 향기가 달아나지 않도록 하는 것으로 무엇보다 맛있게 와인을 맛볼 수 있다.

Tip

- 글라스를 구입하는 경우

도자기를 구입하는 경우와 같다고 할 수 있으나 깨지기 쉬운 상품이므로 취급하는 데 특별한 주의가 필요하다. 가게에서 구입하여 집에 가지고 왔을 때 상품에 금이 가 있다든지 가장자리가 조금 깨져 있다든지 하는 일이 없도록 한다. 상품관리가 엄격한 브랜드에는 이러한 경우가 드물다. 글라스의 가장자리를 만져본다든지 가볍게 두드려보아서 맑은 소리가 나는지를 확인해 보는 방법도 있나.

그리고 크리스털의 광택을 즐기기 위해서는 손으로 다듬은 것인지 기계로 다듬은 것인지를 알아보는 안목을 키우도록 한다. 판단하는 방법은 간단하다. 글라스를 빛에 대어 표면에 빛이 세로로 들어오면 손으로 다듬은 것이고, 빛이 비뚤어져 보이면 기계로 다듬은 것이다.

- 글라스의 손질과 수납방법

글라스는 다른 도자기나 금속품 등과는 별도로 나누어 2~3개씩 씻는다. 한번에 많은 양의 글라스를 씻으면 부딪혀서 깨질 위험이 크기 때문이다. 얇은 글라스는 특히 깨지기 쉬우므로 조심하여 씻는다. 먼저 손잡이가 있는 글라스는 볼 부분과 손잡이 부분을 강하게 잡으면 깨지기 쉬우므로 전체를 감싸쥐듯이 잡아서 손질한다.

씻는 방법은 먼저 용기에 섭씨 40도 정도의 뜨거운 물을 담고, 중성세제를 풀어 놓는다. 여기에 글라스를 넣고 스펀지로 가볍게 문질러 씻는다. 글라스 표면 컷 부분의 먼지는 지방분이나 물속의 칼슘이 대부분이므로 레몬에 소금을 묻혀서 칫솔로 닦으면 깨끗해진다. 글라스에 묻은 립스틱 자국은 칫솔에 알코올을 묻혀서 닦으면 깨끗이 지워진다.

Tip

길고 좁은 글라스의 밑부분에 손이 닿지 않으면 손잡이가 긴 브러시를 이용하면 간단하게 해결된다. 그리고 글라스의 밑부분에 잘게 부순 달걀껍질을 넣고 물을 넣어 흔들어주면 먼지가 깨끗이 떨어진다.

글라스를 세제로 씻었다면 물로 헹군다. 마지막에 미지근한 물로 한번 더 끼얹어주면 좋다. 뜨거운 물은 글라스가 깨질 위험성이 있으니 피하도록 한다. 그리고 수도꼭지 주변에서 글라스를 씻게 되면 부딪혀서 깨지기 쉬우므로 주의하도록 한다.

물에 씻고 난 후에는 물기를 닦아서 건조시킨다. 뒤집어 두면 글라스 내측에 온기가 남아서 뿌옇게 되기 때문에 이를 향하도록 한다.

건조 후 목면이나 마의 혼방직물 등으로 글라스를 닦아두면 더욱 깨끗해지며, 안경 닦는 헝겊을 활용하는 것도 좋은 방법이다. 글라스를 닦을 때에는 반지나 시계를 벗어 놓는다. 다이아몬드 등의 귀금속은 글라스보다 단단하기 때문에 표면에 상처를 주기 쉽다.

평소에 잘 사용하는 글라스라면 바로 사용하기 쉽도록 손이 잘 닿는 곳에 나란히 늘어놓는다. 겹쳐 놓았을 경우 글라스가 빠지지 않으면 아래쪽의 글라스를 뜨거운 물에 넣고 천천히 돌려주면 된다.

4) 리넨

식사할 때 사용되는 각종 천류를 말하는 것으로 테이블클로스tablecloth, 언더 클로스under cloth, 플레이스 매트place mat, 냅킨napkin, 러너runner, 도일리doily 등이 있으며, 테이블 리넨이라고도 하며 경의를 표현한다.

일반적으로 청결한 흰색의 다마스크를 많이 사용한다. 그러나 고급 소재로 만들어진 테이블에서는 테이블클로스를 사용하지 않고 플레이스 매트를 쓰거나 직접 테이블 위에 세팅하기도 한다. 이외에도 면 또는 마, 마면혼방, 부드러운 느낌의 화학섬유 등으로 준비하며 여기에 프린트나 자수가 새겨진 소재를 선택하기도 한다.

① 테이블클로스

정식 세팅의 경우 테이블로부터 내려오는 길이가 50cm이며, 가정에서의 세팅은 25~30cm 정도 내려오는 것이 바람직하다. 테이블클로스는 식공간에서 전체적인 분위기의 중심 역할을 하며 색상, 무늬, 디자인에 따라 다양한 분위기를 연출할 수 있다.

② 언더 클로스

테이블클로스 아래 깔아 식기의 미끄럼을 방지할 수 있으며, 접시·커틀러리·글라스를 내려놓을 때 소음을 흡수하므로 사일런스 클로스silence cloth라고도 한다.

③ 플레이스 매트

플레이스 매트는 상차림에서 불규칙한 외관, 옆 좌석과의 분리감을 제공하며 다양한 소재, 색상, 모양으로 캐주얼한 분위기를 연출할 때 사용한다. 기본 크기는 45×35cm가 적당하다. 일반적으로 테이블클로스가 놓여 있을 경우에는 함께 사용하지 않는다.

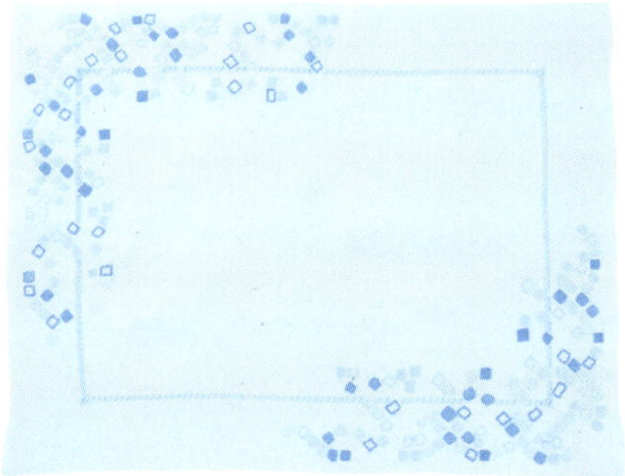

④ 냅킨

테이블클로스와 같은 소재로 준비하는 것이 좋으며 식기의 색에 맞추어 색과 소재를 선택한다. 식탁 위에서 장식의 효과를 내기도 하나 입가나 손을 닦는 용도로 사용되며 특별히 음료를 마시기 전 글라스에 자국을 내지 않기 위해 입가를 닦을 때 유용하게 사용된다. 대부분은 정사각형이며 50×50cm의 크기보다 크거나 작게 하여 사용하며 청결성이 우선시되므로 멋있게 하기 위하여 지나치게 접어서 모양을 내는 것은 삼가도록 한다. 냅킨 링napkin ring은 정식에서는 사용하지 않는다.

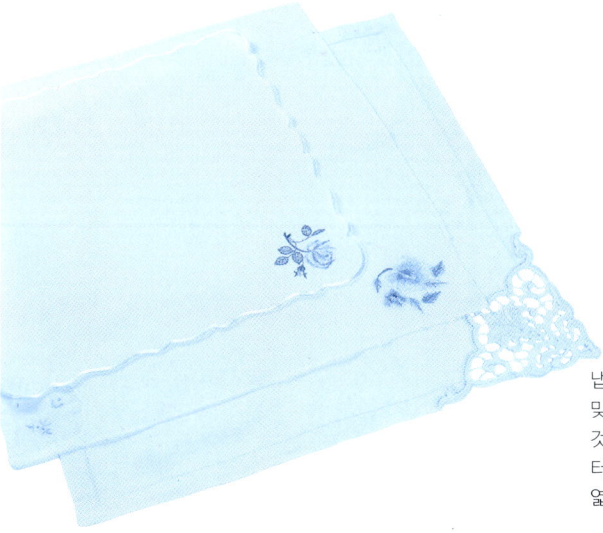

냅킨은 테이블클로스와 모양을 맞추어 한 코너에 자수를 놓은 것이 세트 구입으로 좋다. 애프터눈티를 위하여는 레이스 등의 엷은 질감이 우아하다.

식사용으로 대형, 사방형, 장방형의 것이 있다. 수가 놓아진 것은 수가 보이도록 테이블에 장식한다.

무궁화꽃을 수놓아 한국적인 미를 살렸다.

⑤ 러너

테이블 중앙 위에 장식으로 놓인다든지 테이블클로스 위에 놓이는 좁고 긴 원단으로, 자리를 제한하기 위하여 놓기도 하며, 테마를 전달하기 위하여 사용되기도 한다. 캐주얼한 곳에서는 자유롭게 사용할 수 있다.

⑥ 도일리

주로 접시나 쟁반 위에 올려놓는 것으로 마찰이나 부딪치는 소리를 방지하는 역할을 하며, 레이스나 자수로 되어 있다. 쟁반 위에 도일리를 올려놓고 물컵을 올려놓으면 안정감 있게 제공될 수 있다. 베네치아에서는 무라노섬이 레이스로 유명하며 섬세한 레이스가 있는 아름다운 자수나 리넨도 볼 수 있다. 스위스의 면이나 레이스도 유명하다.

5) 센터피스

테이블의 중앙부 장식을 뜻하는 것으로 중앙의 퍼블릭 스페이스public space에 장식하는 물건이나 꽃을 가리키는 것으로 크기에 따라 인형과 새, 작은 동물상 등의 자기 인형을 휘기어라 부르고 캔들이나 꽃 등 큰 것은 센터피스라 부른다. 이외에도 과일이나 채소를 응용하여 놓기도 한다. 센터피스의 역할에 있어서는 계절감을 느낄 수 있어야 하고, 대화의 소재를 만들기도 하므로 시선에 방해가 되지 않도록 눈높이보다 낮은 위치에 놓여야 한다.

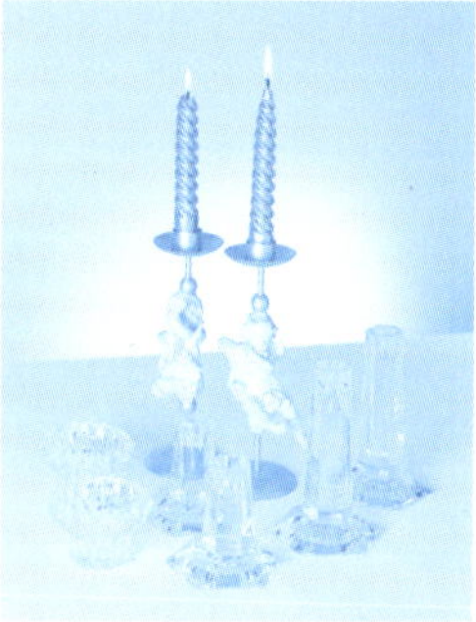

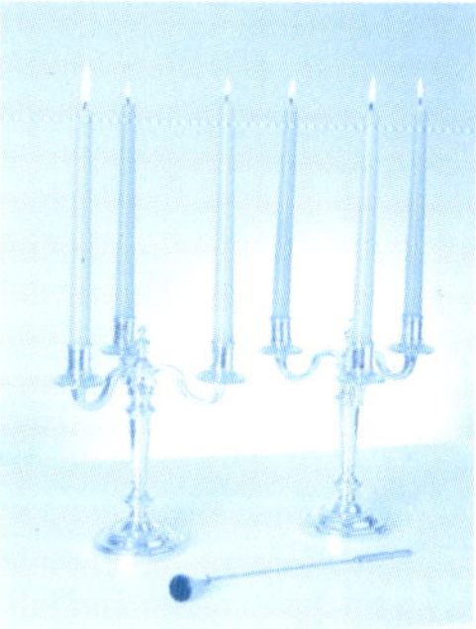

나이프 받침, 냅킨 홀더, 수저받침

나폴레옹의 왕비가 좋아했던
제비꽃이 그려진 일인용 과자함

17세기 러시아 에카테리나 여왕의
심벌인 크리스털 개구리

크리스마스의 마스코트

소품용 접시들

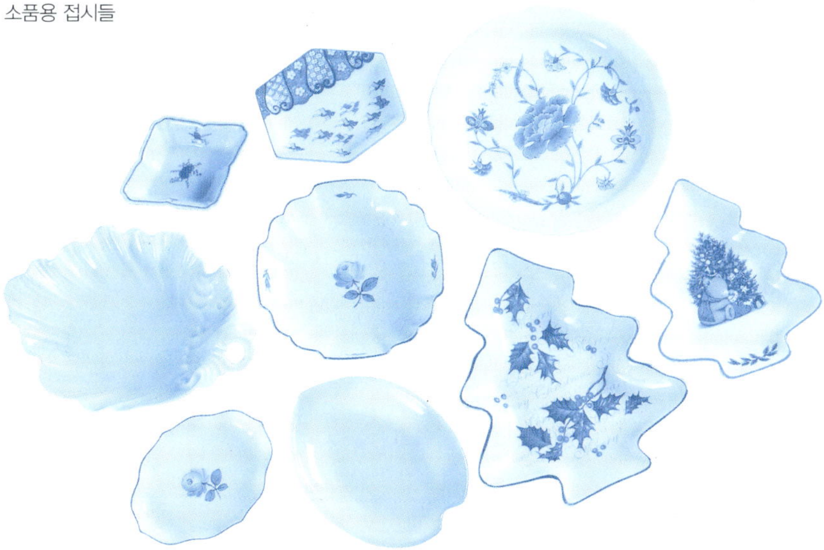

Table Manner

PART 3 테이블에서의 식사

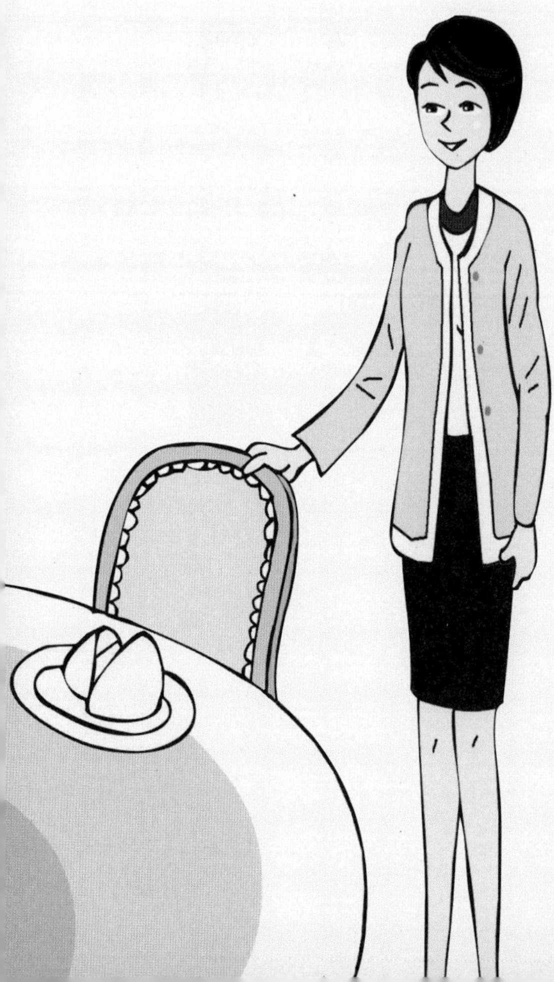

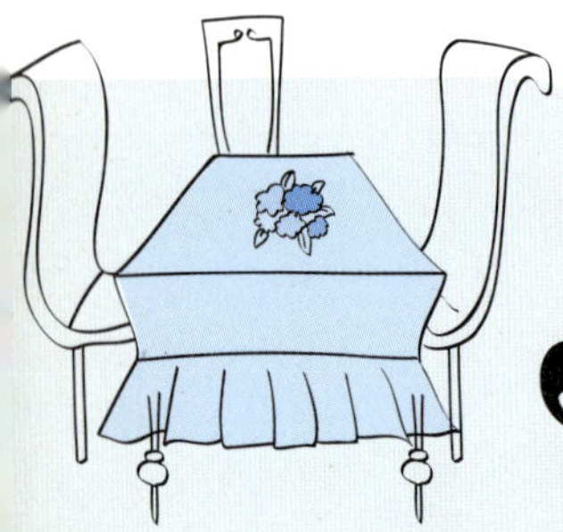

3 테이블에서의 식사

1) 의자에 앉기

편안한 식사를 하기 위해서는 앉는 자세가 중요하다. 먼저 의자의 왼쪽으로 들어가도록 한다. 웨이터가 있는 경우 웨이터가 의자를 빼주므로, 의자의 왼쪽으로 들어가서 잠시 기다렸다가 의자를 넣

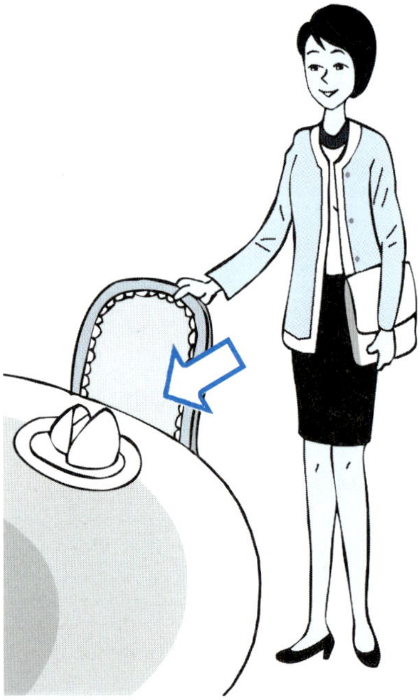

어줌과 동시에 앉는다. 웨이터가 없는 경우에는 동석한 남성이 여성을 도와주고, 여성이 자리에 앉게 되면 자리를 확인한 후 남성은 제자리로 가서 앉는다.

의자를 지나치게 뒤로 빼서 앉게 되면 식사할 때 허리를 구부리게 되므로 본인이 불편하게 되고 보는 사람에게도 불편함을 주게 된다. 또한 의자를 테이블 안으로 깊숙이 넣게 되면 답답하여 이 또한 불편하다. 그러므로 테이블과 자신의 가슴과의 간격이 주먹 하나 정도 들어갈 수 있는 공간, 즉 10~15cm가 식사하기에 적당하며 의자를 바짝 잡아당겨 엉덩이를 의자 깊숙이 위치하고 허리를 반듯하게 세운다. 여성의 경우 무릎을 붙이고 앉으면 허리를 반듯하게 펴기 쉬우며 이때 다리를 꼬거나 흔들지 않도록 한다.

2) 핸드백의 위치

자리에 앉고 나면 핸드백의 위치가 궁금해진다. 가지고 있는 핸드백의 크기가 작을 경우에는 행거hanger가 있으면 편리하다. 행거를 테이블 위에 걸쳐놓은 다음 고리에 핸드백을 걸어두면 되고, 행거가 없을 경우에는 의자의 등받이와 자신의 등 사이에 놓는 것이 일반적이다. 장갑을 끼었을 때는 의자에 앉은 후에 장갑을 벗어 핸드백 안에 넣어둔다. 이때 핸드백을 테이블 위에 올려놓는 것은 좋지 않다.

만약 의자의 등받이가 없거나 가방이 커서 등 뒤에 놓지 못할 경우에는 자기가 앉은 의자의 오른쪽으로 최대한 나에게 가까운 위치에 놓도록 한다. 주의할 점은 혹시 옆좌석의 의자에 가방을 올려놓게 되면 다른 사람이 앉을 수 없게 되고, 좌석에 앉아야 될 다른 사람이 오게 되면 가방을 이동하는 번거로움이 있으므로 핸드백은 처음부터 제자리에 위치하도록 한다.

3) 주문하기

메뉴가 결정되면 여성은 동반한 남성에게 먹고 싶은 메뉴를 말하고 이에 남성은 웨이터에게 여성의 메뉴와 자신의 메뉴를 주문하는 것이 좋다. 음식에 관하여 남성보다 여성이 더 잘 이해하고 있는 경우에도 메뉴에 관하여 충분한 대화를 나눈 후 남성이 주문하도록 한다. 그러므로 남성은 나와 상관없는 일이라 생각하여 지나쳐 버리지 말고 식사할 때마다 혹은 시간을 내어 음식에 관한 정보를 알아두는 것이 편리하다.

4) 스테이크 굽는 정도

스테이크를 주문하게 되면 굽는 정도를 선택해서 답해야 한다. 일반적으로 굽는 정도는 레어rare, 미디엄medium, 웰던welldone의 세 가지가 있으며 다시 미디엄을 기준으로 미디엄 레어MR, 미디엄 웰던MW으로 나누어지기도 한다.

① 레어 : 살짝 굽는 것

겉표면만 갈색이고 고기의 중심부는 거의 날것의 상태이며 자르면 핏물이 나온다. 상품의 질이 좋은 고기는 대부분 레어로 구워지며 고기의 순수한 맛과 연한 맛을 즐기기도 한다.

② 미디엄 : 중간쯤 굽는 것

표면의 절반은 익고 중심부는 날것이 되도록 구운 정도로 자르면 약간의 핏물이 나온다.

③ 웰던 : 바싹 굽는 것

중심부분까지 거의 익도록 구운 정도로 고기가 퍽퍽할 수 있다.

5) 건배하기

건배하는 방법은 나라마다 조금씩 다를 수 있다. 요리가 다 나오고 연회가 무르익으면 건배를 하는 경우도 있고, 식사가 시작되기 전에 건배할 수도 있다. 건배할 때에는 자리에서 일어나 샴페인이나 와인 글라스의 다리부분stem을 잡고 건배가 제의되면 글라스를 눈높이 정도에 맞추어 들어올렸다가 옆 사람과 가볍게 부딪히거나 글라스를 보호하기 위하여 부딪히는 흉내만 내기도 한다. 한 모금 마시고 글라스를 제자리에 올려놓은 후 자리게 착석한다. 술을 못 마시는 경우에는 마시는 흉내만 내거나 물잔을 들어올려 분위기에 동참한다.

6) 냅킨의 사용

냅킨은 서비스 플레이트 위에 올려놓거나 테이블 위에 올려놓기도 한다. 냅킨은 전원이 자리를 잡고 첫 요리가 나오기 직전에 펴도록 하며 주빈이나 여성이 펴면 따라서 펴기도 한다. 만약 식사 전에 기도를 하거나 건배를 할 경우에는 의식이 끝난 후에 펴도록 한다.

냅킨을 펼 때에는 테이블 위에서 펼치는 것보다 냅킨을 무릎 위로 가져와 조용히 펼쳐 놓도록 하며, 냅킨은 반으로 접어 접혀진 부분이 안으로 놓이도록 무릎 위에 올려놓고 여유가 있으면 한쪽 끝을 허벅지 밑으로 끼워 넣어 고정시키면 냅킨이 떨어지는 것을 막을 수 있다. 만약 냅킨의 크기가 작으면 삼각형으로 접어 길이를 길게 한 후 한쪽 끝을 허벅지 밑에 넣을 수 있다. 식사 중 잠시 자리를 뜨게 되면 냅킨을 가볍게 접어 자신의 의자 위에 올려놓는 것이 좋으며 식사 중 냅킨을 접어 자신의 테이블 위에 올려놓고 자리를 뜨면 '식사가 끝났습니다'라는 의미로 받아들여져, 경우에 따라서는 웨이터가 음식과 식기들을 치울 수 있다.

냅킨은 옷을 더럽히지 않기 위해 사용하기도 하지만 입가를 닦을 때나 손끝을 닦을 때도 사용하며, 두 겹으로 접은 냅킨은 가볍게 펼쳐 안쪽 부분을 사용하여 입가를 누르듯이 가볍게 닦는다. 과일이 나올 경우 손 씻는 핑거볼이 나올 수 있는데, 이때는 손가락을 가볍게 적시는 정도로 씻고 냅킨으로 닦도록 한다. 꼬치에 꿰어 구운 음식이 나왔을 때 꼬치가 뜨거우면 왼손으로 냅킨을 둘러 꼬치 끝을 쥔 채 오른손의 포크로 음식을 빼낸다. 작은 생선가시는 냅킨으로 입을 가리고 뱉어내면 깔끔하게 처리할 수 있다. 식사 중 물이나 와인을 마시기 전에 반드시 입술을 냅킨으로 가볍게 닦은 후 마시도록 하여 글라스에 입술 자국이나 기름기 등이 묻지 않도록 한다. 여성의 경우 너무 세게 닦으면 립스틱이 냅킨에 묻을 수 있으므로 화장을 끝낸 후 미리 립스틱을 종이로 눌러주면 이런 모습을 예방할 수 있다.

7) 냅킨 사용 시 주의사항

냅킨을 불필요하게 만지작거리거나 안경을 닦아서는 안되며, 한여름 레스토랑에 들어와서 앉자마자 냅킨으로 얼굴이나 목 등의 땀을 닦아서도 안된다. 냅킨을 가슴에 거는 것은 어른이 해서는 안되는 행동이나 비행기 안에서 기내식을 할 때는 편의상 할 수 있으며, 목에 감아 내려뜨려 사용하는 것은 어린아이들의 방식이므로 삼가는 것이 좋고 냅킨이 떨어지지 않도록 하기 위하여 허리에 집어넣고 사용하는 것도 바람직하지 않다.

8) 오르되브르애피타이저는 식욕촉진제

오르되브르는 전채前菜요리로서 제일 먼저 나오는 요리이다. 다음에 나오는 육류요리를 즐기기 위한 준비단계이므로 귀한 식재료를 이용하여 보기 좋게 담고 양은 적은 것이 특징이다. 이때 커틀러리 중에서 가장 바깥쪽에 놓인 작은 크기의 포크와 나이프를 사용한다. 빵이나 비스킷 종류를 이용하여 작게 나온 카나페라면 손으로 먹는 것이 좋으며, 꼬치에 꿰어 나온 것은 왼손으로 꼬치 끝을 쥔 채 포크로 빼어가며 먹는다.

9) 포크와 나이프의 사용

바깥쪽에 있는 커틀러리부터 사용한다. 왼손에는 포크, 오른손에는 나이프를 쥐고 왼쪽 끝에서부터 한입 크기로 잘라가며 먹는 것이 원칙이며 포크와 나이프는 검지를 이용하여 안정감 있게 잡는 것이 좋다. 음식을 나이프로 찍어 먹는 것은 삼가도록 하며 스테이크에 곁들여지는 콩이나 밥 종류는 포크를 오른손으로 옮긴 후 떠서 먹도록 한다. 콩 종류의 경우 굴러 떨어질 염려가 있을 때에는 포크로 가볍게 누른 다음 떠서 먹는다. 식사 중에는 포크와 나이프를 팔八자 모양으로 놓고 식사가 끝나면 11자 모양으로 놓으므로 식사 중에도 포크와 나이프를 가지런히 놓으면 웨이터는 식사가 끝난 줄 알고 접시를 치우는 경우도 있다.

① 식사 중 위치

식사 중에는 포크와 나이프가 접시 위에 놓이게 되는데, 손에서 잡고 있던 위치에서 그대로 내려놓으면 된다. 나이프의 칼날은 반드시 접시 안쪽을 향하고 포크의 끝부분은 접시를 향하게 놓는다.

② 식사 후 위치

식사를 다 마치게 되면 포크와 나이프를 사용할 일이 없으므로 포크와 나이프를 4시와 5시의 시계방향 위치에 가지런히 올려놓는다. 이때 나이프의 칼날은 접시 안쪽을 향하고 포크의 끝부분은 위를 향하도록 한다.

10) 수프는 먹는 음식

오르되브르 다음으로 서브되는 음식은 수프로 '마시는' 음식이 아니라 먹는 음식이다. 수프가 식지 않도록 하기 위하여 여러 명의 수프를 큰 그릇tureen에 담아 손님 옆에서 서브할 경우에는 손님의 왼쪽에서 제공되므로, 이때 고개를 오른쪽으로 조금만 기울여주면 웨이터가 쉽게 서브할 수 있다. 수프를 먹고 싶지 않을 때는 빈 수프그릇 안에 스푼을 뒤집어 올려놓아 수프를 먹을 의사가 없음을 표시한다.

수프는 왼손으로 수프그릇을 가볍게 잡고 오른손의 스푼으로 한 스푼씩 떠서 먹는다. 수프가 조금 남아 뜨기 어려우면 왼손으로 수프그릇을 살짝 들어올려 떠먹을 수 있다. 다 먹으면 스푼을 접시 안에 그대로 놓기도 하고 수프 받침 접시 뒤에 올려놓기도 한다.

수프를 먹는 동안에는 와인을 마시지 않는다.

11) 수프는 소리 내지 않고

우리나라 사람들은 국물을 먹을 때 흔히 '후루룩' 하는 소리와 함께 먹기도 하지만, 서양에서는 싫어하는 사람 앞에서 일부러 수프를 소리 내어 먹으라고 할 정도로 소리 내어 먹는 것에 대하여 안 좋게 생각한다. 또한 수프가 뜨겁다고 입으로 '후후' 불면서 먹는 것도 실례에 속하므로 뜨거운 수프는 수프의 윗부분부터 떠서 먹도록 한다. 한 번 뜬 수프를 한입에 먹지 않고 두세 번에 나누어 먹는 것도 좋지 않으며 스푼을 빨듯이 먹는 것도 좋지 않다. 빵이 있을 경우, 빵을 뜯어 수프에 넣는 것은 점잖지 못하며 빵을 수프에 적셔 먹는 것도 바람직하지 않다.

12) 수프의 크루통

수프가 서브될 때 크래커나 식빵을 작게 잘라 기름에 튀기거나 볶은 크루통이 곁들여 나올 때가 있다. 크루통은 따라 나온 작은 스푼으로 떠서 수프에 띄워 놓고 먹기도 하며, 크래커나 연필모양의 긴 빵은 수프 위에서 손으로 작게 잘라 띄워서 먹는다.

수프의 건더기 재료가 귀한 재료일 경우 스푼 이외에 포크와 나이프가 따라 나오기도 하며 이때 국물은 스푼으로, 건더기는 포크와 나이프를 이용하는 것이 좋고 수프를 다 먹은 후에는 스푼과 포크, 나이프를 수프그릇 안에 가지런히 놓는다. 간혹 캐주얼한 분위기에서는 손잡이가 달린 컵에 수프가 나올 경우도 있다. 먼저 스푼으로 떠서 수프가 뜨거운지 확인하고, 스푼은 받침 접시 위에 내려놓고 양쪽 손잡이를 잡고 마시면 된다. 한 손으로 컵을 들고 스푼으로 떠먹는 것은 좋지 않다.

13) 빵은 한입 크기로

빵은 처음에 자리에 앉으면 제공되는 경우가 많다. 빵은 수프를 먹고 난 후 메인과 함께 먹는 것이 좋으며 보통 테이블 중앙에

롤빵이나 하드롤 등의 다양한 빵이 바구니에 담겨 나오게 되는데 먹고 싶은 빵을 손으로 집어 왼쪽에 위치한 개인 빵 접시 위에 올려놓는다. 몇 번 집어와도 되므로 한꺼번에 많이 가져오지 않도록 한다. 버터가 중심에 위치해 있으면 버터 홀더에서 버터나이프를 이용하여 적당량의 버터를 자신의 빵 접시 위에 옮겨 놓는다. 케이스에 들어 있는 버터라면 케이스 하나를 집어와 빵 접시 위에 올려놓고 사용한다.

빵은 반드시 한입에 먹을 만큼만 손으로 떼어먹는데, 그냥 먹기도 하고 버터나이프를 이용하여 버터를 발라먹기도 한다. 손으로 빵을 뗄 때 빵 부스러기가 떨어지기 쉬우므로 몸을 조금 왼쪽 앞으로 기울여 빵 접시 위에서 빵을 뜯도록 한다. 빵을 통째로 들고 입으로 잘라 먹거나 빵 전체에 버터를 발라 들고 먹는 것도 좋지 않다. 버터 케이스를 사용했을 경우 빵을 다 먹고 나면 케이스는 뒤집어 놓는다.

14) 소스의 위치

생선요리나 스테이크가 제공될 경우 그에 알맞은 소스가 함께 제공되므로 요리는 소스가 나오기를 기다렸다 먹도록 한다. 서양요리는 소스가 중요하므로 요리가 제공되면 바로 먹기보다 소스를 확인한 후 먹는 것이 좋다. 웨이터가 소스 포트를 가지고 와서 서브할 때는 자신이 직접 떠서 요리에 얹기도 하고 웨이터에게 부탁해서 받을 수도 있다.

그레이비소스 같은 묽은 소스는 요리 위에 직접 올려 고루 퍼지게 하고 겨자 소스처럼 진한 소스는 접시의 빈자리에 올려놓고 요리와 어울려가며 먹도록 한다.

15) 식사 속도

남성은 여성이 요리에 손을 대기까지 기다렸다가 여성이 시작하면 남성도 식사를 시작하고 남성은 여성의 식사 속도에 맞추도록 하며 여성이 식사를 끝내고 난 후 남성이 뒤따라 끝내는 것이 좋다. 요리를 너무 빨리 먹어버리면 식사가 미처 끝나지 않은 주변 사람들을 재촉하는 듯하여 좋지 않다. 반대로 혼자서 너무 늦게까지 먹고 있으면 여러 사람을 기다리게 할 수 있으므로 식사하는 속도는 항상 주위 사람들과 맞추도록 하는 것이 좋다. 자신이 주빈이 되면 주위의 상황을 보면서 적절히 식사 속도를 이끌어가야 한다.

먹는 동안 주위 사람들과 대화를 나누다보면 속도는 무난하게 조정할 수 있지만 대화 없이 요리만 먹으면 속도가 빨라질 수밖에 없다. 좌석을 뜨고 싶을 때는 초대받은 쪽이 먼저 의사를 표현하고, 남성과 여성인 경우 여성의 의사를 존중한다.

16) 식사 중의 소리

식사 중 주위 사람과 즐거운 이야기를 나누는 것은 좋으나 입 벌리고 먹는 소리, 식기 부딪히는 소리, 커틀러리 놓는 소리 등이 나지 않도록 조심한다. 전혀 소리를 내지 않을 수 없겠지만 조심하는 것만큼 조용히 식사할 수 있다.

17) 생선요리의 레몬즙

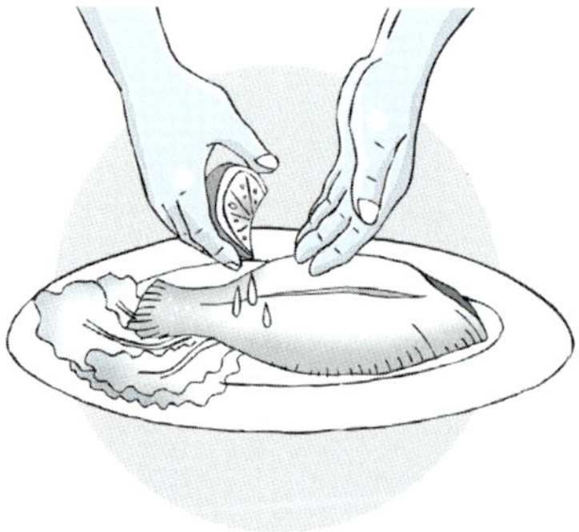

생선요리에는 레몬이 따라 나오는데, 생선의 담백한 맛을 돋보이게 하고 비린내를 없애기 위함이다. 이때 레몬이 여러 형태로 나오게 되는데, 레몬을 처리하는 방법에는 여러 가지가 있다.

① 원형 절단형 레몬

포크와 나이프를 이용하여 레몬을 생선 위에 올려놓은 후 포크를 이용하여 지그시 눌러 레몬즙이 생선에 가도록 한 다음 다시 포크와 나이프를 이용하여 레몬을 집어 접시 위쪽에 놓는다.

② 4~8등분 레몬

손으로 가져와 오른손으로 레몬을 쥐고 상대방에게 레몬즙이 튀지 않도록 하기 위하여 왼손으로 커버하면서 지그시 눌러 즙을 짠다. 즙을 짠 후 레몬은 접시의 오른쪽 위에 놓는다.

18) 입 안의 가시

생선요리를 먹다가 입 안에 가시가 있는 경우 뱉어서는 안되고 포크로 받아낸 후 접시 한쪽에 놓으면 된다. 만약 포크로 받아내기 어려운 경우에는 냅킨으로 입을 가리고 손가락을 이용하여 꺼낸다. 이쑤시개를 이용하는 경우에도 냅킨으로 입을 가리고, 가시들은 접시 위에 지저분하게 놓지 않고 한쪽에 가지런히 모아놓는다.

19) 생선 뒤집지 않기

통째로 조리되어 나온 생선요리는 먹는 방법을 알면 그리 어렵지 않다. 통째로 나온 생선은 포크로 머리 부분을 단단히 누르고 나이프로 머리 밑부분과 가장자리에 칼집을 넣어 포를 뜨듯이 생선살을 떠내어 접시 앞 쪽에 놓고 왼쪽부터 한입 크기로 잘라 먹는다. 위쪽을 다 먹은 후에는 포크와 나이프를 이용하여 뼈를 들어올려 접시 위쪽에 올려놓고 아래쪽의 생선을 먹는다.

20) 식사 중의 대화

테이블에서의 식사는 먹는 자리이기도 하지만 사교장소로서의 의미도 크므로 옆 사람과 가벼운 흥미를 갖는 공통된 내용을 화제로 삼는 것이 좋다. 처음에는 좌우 옆에 앉은 사람과 나누는 정도로 하고 분위기가 점점 무르익으면 넓은 범위의 사람과도 이야기를 나눈다. 파티는 사람들과 즐겁게 담소를 나누면서 사교를 하는 자리이므로 대화는 그 자리에 알맞고 즐거운 것이 좋다.

다음과 같은 내용의 화제는 피하는 것이 좋다.

• 정치나 종교 이야기: 간혹 대화가 아니라 언쟁이 커져 싸움이

되기도 한다.

- 외설, 잔혹한 이야기: 눈살을 찌푸리게 한다.
- 병에 대한 이야기: 어두운 분위기가 된다.
- 남의 뜬소문, 험담: 무심코 같이 말하여 인격을 의심받기도 한다.
- 요리 불평: "너무 태웠다", "너무 짜다" 등의 불평은 식욕을 달아나게 한다.

가정집에 초대받아서 식사할 경우 "어디에 가서 먹은 음식이 맛있더라"고 하면 지금의 음식은 맛이 없다고 들릴 수 있으므로 주의한다.

다음은 식사 중 화제로 나올 수 있는 세계 3대 진미에 대하여 알아본다.

■ 세계 3대 진미

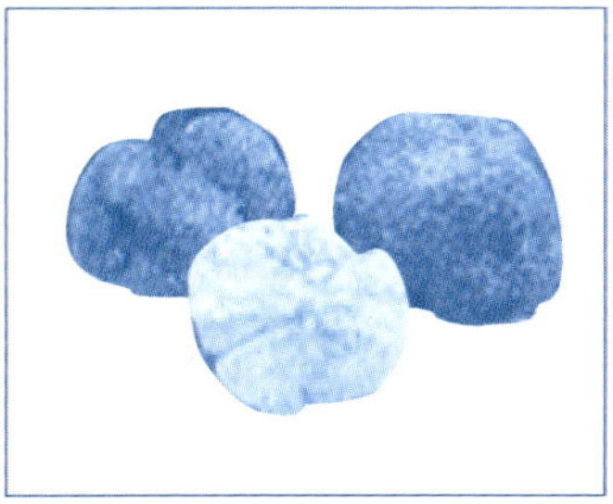
트뤼플

캐비아

푸아그라

① 트뤼플송로버섯

트뤼플은 떡갈나무숲의 땅속에서 자라기 때문에 개나 돼지의 예민한 후각을 이용하여 10월에 채취를 시작한다. 신선하면서도 진한 향기를 지닌 것일수록 높은 품질로 판별되며 그 중에서도 프랑스 남서쪽 페리고 지방의 흑黑트뤼플과 이탈리아 북서쪽 피에몬테 지방의 백白트뤼플을 최고로 친다. 검은 송로버섯은 양식 채취가 가능한 반면 흰 송로버섯은 자연 채취만 가능하고 그 양이 희소해 더 귀하게 여겨지고 있다. 인공재배도 되지 않고 채취량도 적어서 땅속의 다이아몬드라고 불린다.

② 철갑상어알캐비아

일명 황제들의 음식이라 불리는 캐비아는 철갑상어의 알을 소금에 절인 것이다. 고단백질에 DHA가 풍부하고 알의 특유한 향과 담백한 맛이 뛰어나며 칼로리가 낮아 스태미나 음식으로도 각광받으며 주생산지는 카스피해, 흑해, 볼가강 하구이다. 이란산, 러시아산이 많으며 카스피해산을 최고로 친다. 캐비아는 단순히 그 자체를 즐기기도 하지만, 토스트, 크래커, 블리니bliny: 팬케이크 등에 얹어 먹기도 한다.

③ 거위 간푸아그라

프랑스어로 푸아foie는 '간', 그라gras는 '기름지다'란 뜻으로 기름진 간을 말한다. 입 안에서 사르르 녹는 듯한 육질을 지닌 푸아그라를 일품으로 치고 주로 테린terrine이나 파테로 만들어 먹기도 하고, 날것 그대로 팬에서 익혀 먹기도 한다.

오리나 거위의 간을 지방간으로 만들기 위해, 3~4개월 정도 자란 건강한 거위에게 약 3주 동안 가둔 상태에서 사료의 양을 조금씩 늘려가며 입에다 밀어 넣는다. 이렇게 하여 간의 무게가 1킬로그램이 넘는 것도 있다.

푸아그라 홀Whole: 간을 그대로 조미한 것, 블록Block: 캔이나 유리병에 담겨 있는 블록상태의 것, 크림Cream: 푸아그라가 함량 퍼센트에 따라 가격이 달라진다이 판매되며 트뤼플Truffle을 넣어 만든 푸아그라 블록도 있다.

21) 스테이크는 왼쪽부터

고기요리는 생선요리에 비해 단단하므로 포크와 나이프를 꽉 잡고 위에서 누르듯이 썰면 쉽게 자를 수 있다. 자를 때는 왼쪽부터 자르며 왼쪽 아랫부분에 포크를 찔러 고정시킨 후 바로 옆에서 나이프로 잘라 한입 크기가 되도록 자른다. 고기가 잘리면 왼손의 포크 위에 있는 검지손가락은 움직이지 말고 포크를 그대로 입으로 가져온다. 톱질하듯 썰거나 너무 힘을 주면 접시를 긁는 불쾌한 소리가 날 수 있고, 접시 위에 있는 음식이 밖으로 튀어나갈 수 있다.

스테이크를 한꺼번에 다 잘라놓고 먹는 것은 보기에도 좋지 않을 뿐 아니라 고기가 쉽게 식어 맛이 없게 되므로 잘라가며 먹도록 하고 곁들여 나온 야채를 고기와 번갈아가며 먹는다. 고기와 야채를 한입에 넣지 않도록 하며 한 가지씩 교대로 먹는다.

스테이크를 자른 후 왼손의 포크를 오른손으로 바꾸어 쥔 후 먹지 않도록 하며 오른쪽 위에서부터 자르는 경우가 있는데, 이렇게 하면 포크를 빼서 다시 고기를 찔러 먹어야 하기 때문에 불편하므로 이렇게 하지 않는 것이 좋다.

22) 포크로 떠먹기

메인요리인 스테이크나 생선요리의 경우 곁들여 나오는 야채로 감자, 당근, 완두콩, 옥수수 등이 있는데, 한입에 먹기 어려우면 포크와 나이프를 이용하여 한입 크기로 잘라 먹어야 하고 크레송 같은 야채는 장식이 아니고 입 안을 개운하게 하기 위하여 준비된 것이므로 포크를 이용하여 먹는 것이 좋다. 완두콩이나 옥수수인 경우 포크를 오른손으로 바꾸어 쥐고 떠서 먹어도 좋으나 구르지 않도록 하기 위하여 포크로 눌러 가볍게 으깬 다음 포크로 먹도록 한다.

23) 남기는 음식

서브된 요리를 사정이 있거나 먹기 싫어 남겨야 할 때는 무리하게 다 먹으려 하지 말고 웨이터에게 "치워주세요"라고 굳이 말할 필요 없이 천천히 식사 속도를 맞추어 간다. 옆 사람이 식사를 마칠 때쯤 남은 것을 한쪽에 모아놓고 포크와 나이프는 '식사를 다 마쳤다'는 신호로 접시 위에 가지런히 모아놓는다. 뷔페의 경우 자신이 떠온 음식은 남기지 말고 다 먹는 것이 좋다.

음식을 먹다보면 고기의 지방이나 생선가시, 야채 부스러기 등이 접시 위에 남게 되는데, 여기저기 있는 채로 그냥 두는 것보다 포크와 나이프를 이용하여 한쪽에 가지런히 모아두면 보기에 좋다. 이는 반드시 양식에서만 해당되는 것이 아니고 일상적으로 반찬을 먹고 난 다음에도 젓가락을 이용하여 가지런히 모아놓는 습관을 들여 먹고 난 자리가 늘 깔끔하도록 한다.

24) 소스Sauce와 드레싱Dressing

메인요리나 샐러드에는 음식과 어울리는 소스가 곁들여지게 된다.

소스의 어원은 '소금을 기본으로 한 조미용액'을 의미하는 라틴어 salsa에서 유래되었으며, 요리의 맛과 영양, 향기, 형태, 색, 농도를 조절할 뿐 아니라 소화작용을 도와주기 때문에 서양요리에서 중요한 위치를 차지한다.

드레싱은 음식에 곁들이는 소스라는 점에서 소스와 비슷하나 농도가 조금 되직한 경우 옷을 입은 것과 같다는 의미에서 소스와 구분한다. 마요네즈 드레싱, 프렌치 드레싱, 사우전드 아일랜드 드레싱, 이탈리안 드레싱, 비네그레트 드레싱 등이 있다.

묽은 소스는 직접 샐러드 위에 끼얹고 크림과 같이 진한 드레싱은 접시 한쪽에 놓고 음식을 먹을 때마다 조금씩 찍어 먹는다.

샐러드에는 고유한 맛을 잃을 수 있으므로 두 종류 이상의 소스를 섞어서 끼얹지 않는다.

25) 와인 마시기

와인을 따를 때는 잔을 잡지 않는다. 와인, 맥주, 물 등의 음료는 오른쪽에서 제공되며, 이때는 글라스를 잡지 않고 테이블 위에 놓인 채로 따르는 것을 기다린다. 만약 술을 전혀 마시지 못할 경우

에는 글라스 위에 손을 가볍게 얹어 거절의 표현을 하여 술을 받지 않도록 한다.

와인 글라스를 잡을 때는 글라스의 다리 부분을 잡게 되는데 이는 와인이나 샴페인이 차가워야 제맛이 나는데 몸체를 잡으면 체온이 옮겨져 술의 온도가 올라가기 때문이다.

술이나 음료를 마실 때 고개를 뒤로 젖히면서까지 단번에 들이켜는 모습은 보기가 좋지 않으므로 잔을 기울여서 조금씩 마시는 것이 좋다. 와인을 취하도록 마시면 요리의 맛을 모르게 되기 때문에 와인은 요리를 즐기기 위하여 마신다는 생각으로 적당히 받도록 한다. 옆에서 술을 권하더라도 사양하는 것은 실례가 되지 않는다. 술을 사양할 때도 손으로 글라스 위를 가볍게 덮는 듯한 제스처를 하면 사양한다는 뜻이 된다. 받은 술은 마시는 것이 매너이므로 될 수 있는 대로 받은 술은 남기지 않도록 한다.

와인은 식전에 마시는 것을 식전주 아페리티프apéritif라 하고, 식사 중에 마시는 것을 테이블 와인table wine이라 한다. 와인을 서브할 때는 대부분 병째로 주문하지만 경우에 따라 글라스 한 잔, 두 잔으로 주문하기도 한다. 테이블 와인은 요리와 함께 곁들여 마시는 것으로 요리의 느끼함을 가시게 하는 효과가 있으며, 입 안에 음식이 들어 있는 상태에서 와인을 마시면 효과적이지 않다.

와인을 마시기 전에 냅킨으로 입 언저리를 가볍게 누른 후 와인을 마시면 와인 글라스에 소스나 기름기가 묻지 않는다. 만약 글라스에 립스틱 자국이나 얼룩이 묻어 있으면 엄지와 검지손가락을 이용하여 가볍게 닦아낸 후 냅킨에 손을 닦는다. 다른 음료의 경우도 이와 동일하다.

와인을 스마트하게 마시는 3단계

Tip

첫째, 와인을 잔에 따른 후 맛을 좋게 하기 위하여 가볍게 흔들어 와인과 산소가 결합하도록 한다.

둘째, 코를 잔 가까이 대고 향기를 맡는다.

셋째, 한 모금 마신 후 입 안에서 와인을 혀로 굴려 맛을 음미한다.

26) 소르베Sorbet는 디저트가 아니다

소르베는 메인요리인 스테이크나 생선요리가 나오기 직전에 서브된다. 소르베는 이제까지의 음식맛을 없애고 입 안을 개운하게 하여 다음 요리를 준비하는 효과를 갖게 된다. 소르베가 나오면 후식이 나온 줄 알고 담배를 피우는 사람도 있는데, 이는 잘못된 것으로 소르베는 후식이 아니다.

다리가 긴 글라스에 소르베가 조금 담겨 나오면 왼손으로 글라스를 잡고 스푼으로 떠서 먹는 것이 좋으며, 맨 윗부분부터 먹게 되면 형태가 망가지므로 앞쪽부터 먹는 것이 좋다. 소르베는 주스를 얼린 것으로 개운한 맛이 있다.

27) 아이스크림Ice cream과 웨하스Wafers

디저트는 단맛이 있는 것과 치즈 종류 그리고 과일이 있으며 단맛이 나는 것 중 찬 후식으로 아이스크림 등이 있고 더운 후식으로는 푸딩 종류가 있다.

아이스크림이 나올 때 간혹 웨하스가 얹혀서 나온다. 웨하스는 아이스크림을 먹다가 입 안이 얼얼해지는 것을 막기 위해 중간에 먹는 것이므로 웨하스 위에 아이스크림을 얹어 먹지 않고 아이스크림과 웨하스를 번갈아가며 먹는다. 아이스크림은 옆부분 밑에서부터 먹어야 모양이 흐트러지지 않는다. 아이스크림은 우유로 만든 크림을 얼린 것으로 고소한 맛이 있다.

28) 핑거볼Finger bowl 사용

핑거볼은 후식으로 과일이 나오기 전에 과일 접시에 받침과 함께 나온다. 과일을 손으로 먹는 경우가 있으므로 한 손씩 손끝을 넣고 가볍게 씻은 후 냅킨으로 물기를 닦는다. 냄새를 없애기 위해 레몬조각을 띄워 내오기도 하는데 마시는 일이 없도록 한다.

29) 담배는 커피가 나올 때

근래에는 대부분의 식당이 금연구역으로 되어 있지만 경우에 따라 흡연과 금연구역으로 구분되어 있으므로 필요한 장소를 선택하는 것이 좋다. 하지만 흡연구역이라도 식사 중에는 담배를 피워서는 안된다. 옆 사람에게도 식사 중 방해가 될뿐더러 담배를 피우면 혀가 깔깔해져 미각을 둔화시키고 담배 냄새는 음식의 향기를 손상시킨다. 식탁 위에 재떨이가 놓여 있어도 커피 나오는 순서가 될 때까지 기다리도록 한다.

30) 식사 중의 이쑤시개

식사 중 이쑤시개를 거리낌 없이 사용하는 것은 옆 사람에게 실례가 된다. 격식 있는 자리에서는 비록 이쑤시개가 있어도 될 수 있으면 사용하지 않는 것이 좋으며 부득이한 경우에는 냅킨으로 입을 가리고 사용하도록 한다.

31) 자리를 뜰 때

커피가 제공되면 식사가 거의 끝나가는 시간이므로 마음속으로 정리할 준비를 한다. 무릎 위의 냅킨은 대강 접어 테이블 위에

올려놓는다. 일어설 때 의자를 뒤로 빼고 의자의 왼쪽으로 나오며 의자를 조금 밀어 테이블 밑으로 넣으면 정리된 느낌도 있고 옆 사람이 쉽게 나올 수 있다.

32) 계산하기

식사가 끝나면 웨이터를 불러, 앉은 자리에서 지불하는 것이 좋다. 웨이터에게 계산서를 가져오게 하면 캐시 트레이에 계산서를 담아 오게 되므로 기재된 내용을 주의 깊게 살펴보고 확인한 후 캐시 트레이에 카드를 얹어 웨이터에게 건네준다. 계산서의 내용이 간혹 틀리는 경우를 보게 되는데, 계산서를 영어로 'check'라고 하는 것도 '확인'해보라는 뜻이다.

식대를 계산할 때 팁은 계산서에 청구된 금액의 10~15%가 표준으로 테이블 위에 올려놓거나 캐시 트레이에 담아 놓는다. 계산서 내역에 'service'란이 있으면 청구액에 포함되어 있으므로 별도의 팁은 준비하지 않아도 된다.

PART 4

과일 먹기와 차 마시기

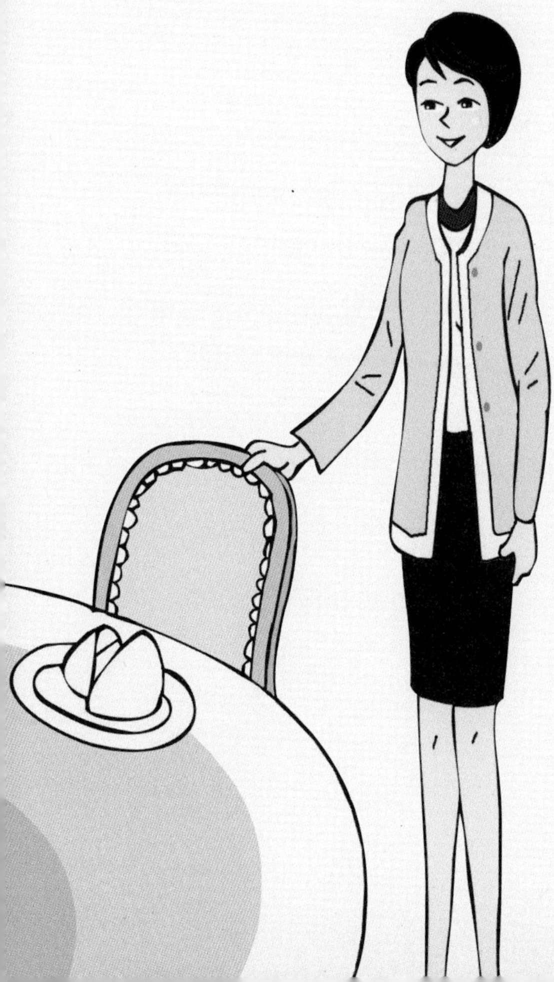

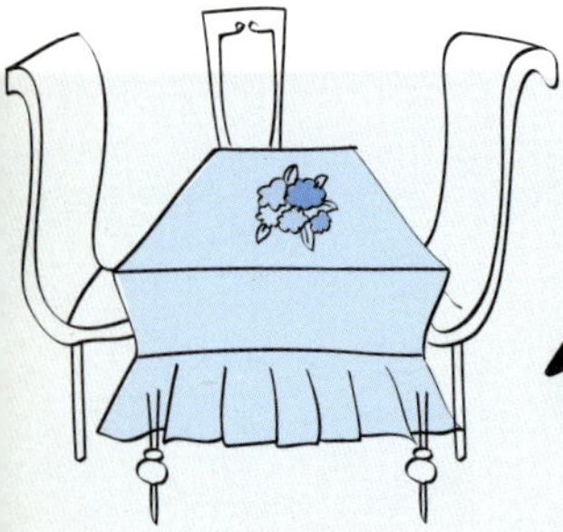

4 과일 먹기와 차 마시기

일반적으로 과일은 먹기 좋게 잘라 제공되기도 하지만, 경우에 따라 통째로 제공되는 경우도 있다. 이는 먹기 좋게 자른 과일들은 사람의 손을 거쳐서 왔기 때문에 위생적인 면에서 그리 선호하지 않기 때문이다. 그러므로 통째로 과일이 제공되었을 경우에는 당황하지 말고 곁들인 커틀러리를 적절하게 사용하여 본인이 잘라서 먹어야 한다.

1) 과일 먹기

(1) 사과

① 왼쪽 부분을 포크나 손으로 고정시키고 나이프를 이용하여 반으로 자른다.

② 반으로 자른 사과는 공기와의 접촉을 피하기 위하여 자른 면이 밑으로 가도록 놓는다.

③ 절반의 사과를 다시 반으로 자른다.

④ 과육을 포크로 고정시키고 씨 부분을 도려낸다.

⑤ 껍질 쪽의 포크를 빼고 과육부분에 다시 포크를 넣은 후 껍질을 벗긴다.

⑥ 껍질 벗긴 사과는 편안하게 놓고 왼쪽 부분부터 한입 크기로 잘라가며 먹는다.

왼손으로 사과를 누른 후 나이프로 반을 자른다. 다시 반으로 잘라 4조각으로 만든다.

이때 너무 힘을 주면 나이프가 접시에 닿는 소리가 클 수 있다. 도중에 멈추었다가 나머지 부분에서 조금씩 조심스럽게 힘을 주면서 자르도록 한다.

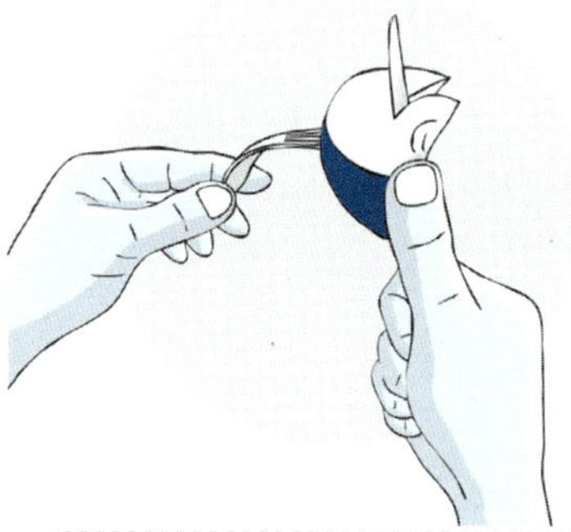

포크로 누르면서 나이프로 씨를 도려낸다.

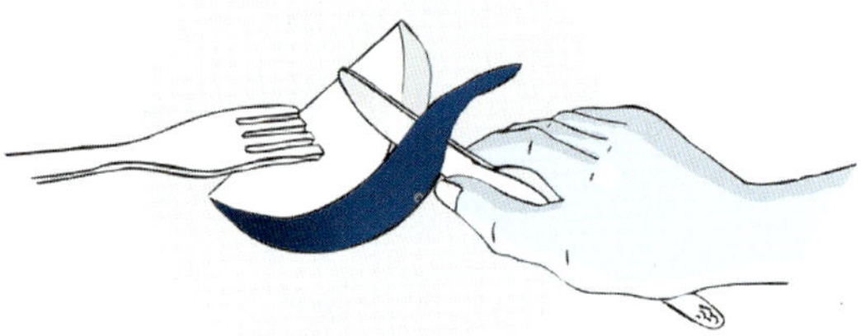

한 조각씩 포크로 찌르고 나이프로 껍질을 벗긴다.

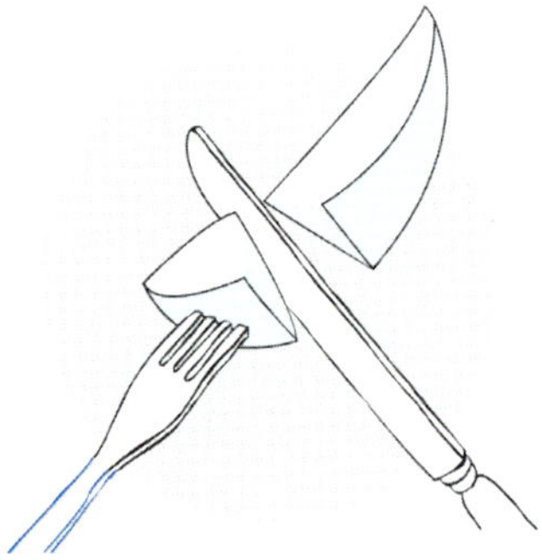

한입씩 잘라 먹는다.

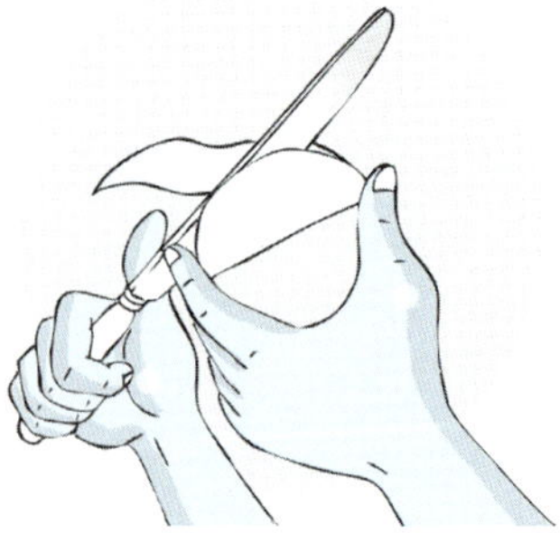

위처럼 하는 것이 어려울 것 같으면 손으로 잡고 껍질을 벗겨도 좋다.

(2) 바나나

① 양끝 부분을 자른다.

② 포크로 고정시키고 윗부분의 껍질을 벗긴다.

③ 과육의 왼쪽부터 한입 크기로 자른다.

④ 다 먹은 후 껍질을 뒤집어 놓는다.

포크만 제공되었을 경우 Tip

① 손으로 윗부분의 껍질을 벗긴다.

② 포크를 이용하여 왼쪽부터 한입 크기로 자른다.

③ 다 먹은 후 껍질을 뒤집어 놓는다.

(3) 멜론

포크만 제공되었을 경우 Tip

① 꼭지부분이 밑부분보다 당도가 낮으므로 꼭지부분의 과육이 오른쪽에 오도록 한다.

② 오른쪽의 과육부터 먹는다.

③ 다 먹고 나면 껍질부분이 위로 오도록 한다.

위로 오도록 놓는 것이 어려우면 상대방에게 껍질부분이 보이도록 놓는다.

Tip ••• 포크와 나이프가 제공되었을 경우

① 꼭지부분부터 밑부분을 향하여 껍질부분에 두툼한 칼집을 넣는다.

② 접시를 180° 돌려서 꼭지부분이 왼쪽으로 오도록 한다.

③ 왼쪽의 과육부터 한입 크기로 잘라 먹는다.

④ 다 먹고 나면 껍질부분이 위로 오도록 한다.

위로 오도록 놓는 것이 어려우면 상대방에게 껍질부분이 보이도록 놓는다.

(4) 오렌지

① 양쪽 끝부분을 자른다.

② 오렌지를 세워놓고 반으로 자른다.

③ 자른 오렌지는 자른 면이 밑으로 오도록 놓는다.

④ 오렌지를 4등분한다.

⑤ 왼쪽의 포크로 오렌지를 고정시키고 과육과 껍질 부분에 칼집을 넣는다.

⑥ 접시를 돌려 칼집 낸 부분이 왼쪽에 위치하도록 한다.

⑦ 왼쪽 부분부터 한입 크기로 잘라 먹는다.

* 껍질이 위로 오도록 놓거나 상대방에게 껍질이 보이도록 놓는다.

(5) 수박

① 포크를 이용하여 씨를 제거한다.

② 포크의 옆면을 이용하여 한입 크기로 자르고 다시 포크로 찍어 먹는다.

③ 씨는 한쪽에 가지런히 모아놓는다.

④ 껍질이 위로 오도록 놓거나 상대방에게 껍질이 보이도록 놓는다.

- 포크가 나오지 않을 경우에는 손으로 잡고 먹도록 하며 다 먹고 난 후에는 껍질이 위를 향하도록 한다.

(6) 키위

① 양쪽 끝부분을 자른다.

② 키위를 세워놓고 반으로 자른다.

③ 자른 키위는 자른 면이 밑으로 오도록 놓는다.

④ 키위를 2등분한다.

⑤ 왼쪽의 포크로 키위를 고정시키고 껍질을 벗긴다.

⑥ 왼쪽 부분부터 한입 크기로 잘라 먹는다.

⑦ 껍질이 위로 오도록 하여 접시 한쪽에 모아놓는다.

- 반으로 잘라 디저트 스푼으로 떠서 먹기도 한다.

(7) 귤

① 꼭지부분이 밑으로 가도록 놓고 윗부분에 손톱을 이용하여 열십자로 금을 긋는다.

② 귤껍질을 펼쳐서 과육을 떼어내고 손으로 작게 떼어 먹는다.

③ 과육을 다 먹고 나면 귤껍질을 다시 안쪽으로 접는다.

④ 귤껍질이 펼쳐지지 않도록 뒤집어 놓는다.

(8) 포도

① 포도는 4~5송이씩 붙도록 가위로 작게 잘라 제공된다.

② 포도는 손으로 떼어 먹는다.

③ 껍질과 씨는 손으로 받아 접시 한쪽에 모아놓는다.

④ 종이 냅킨으로 덮어놓는다.

2) 차 마시기

식사가 마무리되면 차를 마시게 되는데, 차의 종류도 여러 가지가 있으므로 이에 대한 이해가 필요하다.

(1) 커피

커피Coffee는 커피나무 열매의 씨를 볶아서 만든 원두나 가루를 원료로 하여 만든 독특한 맛과 향을 지닌 기호음료이다. 커피의 종류는 다음과 같다.

① 에스프레소 커피Espresso coffee

이탈리아의 대표적인 커피로 기름기가 많은 식사를 한 후 마시면 좋다. 여러 가지 커피 중 가장 진한 것으로 작은 데미타세 잔에 30ml 정도 담게 되는데, 쓰게 느껴지기도 하지만 식후의 입맛을 개운하게 해주는 역할을 한다.

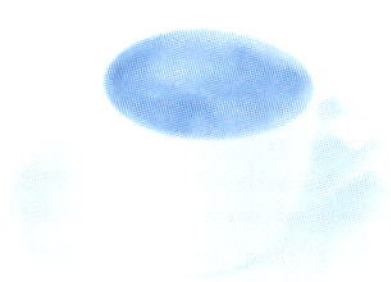

② 아메리카노Americano

에스프레소 머신으로 뽑아낸 에스프레소에 뜨거운 물 180ml 정도를 부은 것으로 담백한 맛을 즐길 수 있다.

③ 카페라떼Cafélatte

에스프레소에 기계로 압축된 스팀을 순식간에 주입시킴으로써 밀크 속에 잔잔한 기포가 생기면서 부피가 커진 스팀밀크Steamed Milk를 부어 서빙하는 것으로 커피의 쓴맛이 감소되어 마시기 부드럽다. 여기에 다양한 향 시럽, 초콜릿 시럽 등을 첨가하여 여러 가지 변화된 다양한 맛을 즐길 수도 있다.

④ 카푸치노Capuccino

에스프레소 위에 스팀밀크Steamed Milk와 우유거품인 밀크폼Foamed Milk을 얹고 그 위에 계핏가루를 뿌려 서빙하는 커피로 우유거품이 크고 풍부하게 얹힌 것이다.

⑤ 카페모카Cafémocha

달콤한 맛을 내는 카페 모카는 초코시럽을 넣은 컵에 에스프레소를 붓고 뜨거운 우유를 넣은 것으로 카페라떼에 초콜릿 시럽을 추가한 것이다.

⑥ 카페오레Cafēau lait

뜨거운 커피와 뜨거운 우유를 동시에 부어 마시는 부드러운 맛의 커피로 프랑스인들이 주로 아침식사 때 마시며 몸을 훈훈하게 덥혀주기도 한다. 빵과 함께 마시게 되므로 큰 잔에 넉넉히 담아 마시고 아침을 시작한다.

⑦ 마키아또Maccihato

추출한 에스프레소에 우유거품 1스푼을 얹어내는 커피이다.

⑧ 아이스 아메리카노Iced Americano

얼음이 가득 담긴 유리잔에 뜨거운 에스프레소를 붓고 차가운 물로 채우거나 추출한 커피 혹은 인스턴트커피를 부어 차갑게 하여 마시는 커피이다. 시럽을 곁들이면 기호에 따라 넣어 마시기도 한다.

⑨ 아이스 에스프레소Iced espresso

차갑게 준비된 유리잔에 에스프레소 1잔과 얼음을 넣고 저어준 다음, 얼음은 버리고 차가워진 에스프레소를 준비한 잔에 담아 낸다.

⑩ 아이스 카페라떼Iced caffe latte

유리잔에 얼음을 넣고 우유를 7부 정도 부어 채운 다음 추출한 에스프레소를 넣는다.

⑪ 아이스 카푸치노Iced capuccino

유리잔에 얼음을 넣고 우유를 5부 정도 부어 채운 다음 추출한 에스프레소를 넣고 우유거품을 얹어 마무리한다.

차는 발효정도, 찻잎을 따는 시기, 형태, 제다, 색상, 모양, 살청殺青 및 건조, 제조방법이 모두 다르다.

(2) 녹차

녹차Green tea는 차나무의 찻잎을 발효시키지 않고 푸른빛이 그대로 나도록 말린 찻잎茶葉, 또는 찻잎을 우린 물을 말한다.

시기에 따라 우전雨前, 세작細雀, 중작中雀, 대작大雀으로 나뉘며, 색상에 따른 분류에는 백차白茶, 녹차綠茶, 황차黃茶가 있다.

가공방법에 따른 분류에는 솥에 찻잎을 넣고 덖는 과정과 비비는 과정을 통해서 만드는 덖음차부초차와 증기 등을 통해서 찻잎을 찌는 과정과 압력을 주어 찻잎을 누르는 과정을 통해서 만드는 증제차가 있다.

(3) 홍차

홍차Black tea는 차나무의 찻잎을 발효시킨 것으로 세계 3대 홍

차는 다즐링darjeeling, 우바uva, 기문kimun이 있다. 홍차는 향, 색깔, 맛의 3가지 조화가 잘 이루어져야 하며 색깔을 잘 보기 위하여 홍차 잔은 입구가 넓고 잔의 안쪽이 백색인 것이 좋다. 마시는 방법은 그대로 마시는 스트레이트 티straight tea, 따뜻한 우유를 넣어 마시는 밀크 티milk tea, 레몬을 넣었다 건진 후 마시는 레몬 티lemon tea로 구분된다.

(4) 허브차

향초에 뜨거운 물을 부어 우려낸 차로, 그윽한 향을 즐길 수 있고 병의 치료와 예방에도 효과가 있다. 캐모마일, 라벤더, 페퍼민트 등이 있다.

(5) 가향차

찻잎에 허브, 꽃, 난이나 딸기류, 사과, 바나나 등의 여러 가지 향기를 첨가한 차를 말한다. 캐러멜차, 박하차, 얼그레이, 사과차, 바닐라차 등이 있다.

PART 5

흔히 일어나는 실수

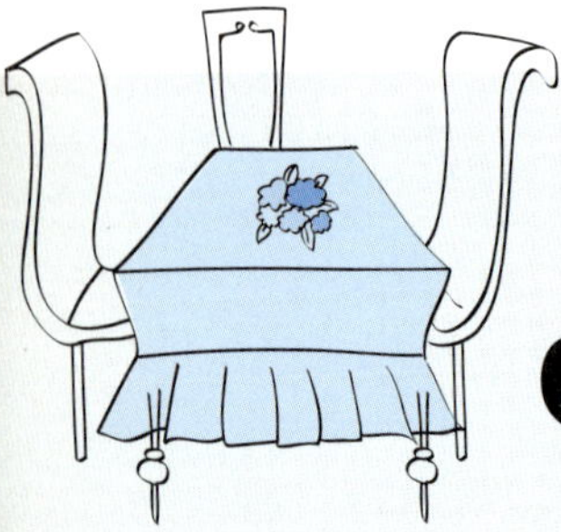

5 흔히 일어나는 실수

1) 넘어진 와인 글라스

테이블 위의 와인이나 주스 글라스가 부주의로 넘어질 수 있다. 이럴 때 당황하지 말고 글라스를 세운 후 가볍게 손을 들어 웨이터를 부르면 웨이터는 별일 아니라는 듯 신속하게 뒷수습을 해준다. 또한 테이블클로스는 물 한 컵 정도는 금방 흡수해 버린다.

옷에 와인이 묻으면 옆 사람에게 화장실에 다녀오겠다고 알린 후 조용히 일어나 화장실에 가서 종이타월을 이용하여 처리한다.

2) 떨어진 포크와 나이프

실수로 포크와 나이프를 떨어뜨리는 일은 흔히 일어날 수 있는 일이다. 당황하지 말고 조용히 손을 들어 웨이터를 부르면 웨이터가 떨어진 커틀러리를 집고 새것으로 가져다준다. 떨어진 커틀러리를 손수 집기 위해 고개를 숙이고 허리를 굽히는 모양새는 보기 좋지 않으며 당황하여 다른 실수를 할 염려도 있다.

남녀가 동석하여 식사하던 중 여성이 커틀러리를 떨어뜨리면 남성이 대신 웨이터를 불러 처리하도록 한다.

3) 소스가 테이블클로스에 묻었을 때

식사를 하다보면 소스를 테이블클로스에 흘릴 경우가 있다. 이때 다른 사람들이 볼까봐 당황할 수도 있는데, 아무렇지도 않게 그대로 두고 계속 식사를 하면 된다. 당황하여 손수건이나 냅킨으로 흘린 소스를 닦아내려 할 필요는 없다.

빵을 뜯다보면 빵 부스러기도 접시 주위에 흩어져 있는 경우가 있다. 이때도 당황하여 빵 부스러기를 손으로 찍어 치우려 하지 말고 그대로 두어도 된다.

4) 디너에서의 지각

디너는 모든 사람이 다 함께 같은 코스의 음식을 동시에 먹게 되는 자리이다. 그런데 사정이 있어 늦게 도착했을 경우, 밖에서 웨이터에게 식사의 진행상황을 물어보아 다른 사람과 맞추어서 음식을 부탁하도록 한다. 남들은 코스 순서에 따라 식사하고 있는 중이므로 자신만 처음 코스부터 시작하면 식사 속도도 맞추기 어렵고 어색한 분위기가 된다.

이렇게 하면 비록 늦게 도착했더라도 여러 사람과 같은 순서로 자연스럽게 식사할 수 있게 된다.

5) 포크와 나이프의 순서

포크와 나이프는 놓인 상태에서 바깥쪽부터 순서대로 집어서 사용하게 되어 있는데, 사용하다보면 간혹 순서가 옆 사람과 다른 경우가 있다. 잘못 사용하고 있으면 사용 중인 커틀러리를 제자리에 놓고 제 순서에 맞는 커틀러리를 집어 사용하도록 한다. 만약 다시 사용할 수 없는 경우라면 접시를 치우는 웨이터에게 부탁하면 새것으로 가져와 제 위치에 놓아준다.

6) 트림

수프나 국물 있는 음식을 먹게 되면 트림이 나는 경우가 종종 있다. 가능한 트림이 나지 않도록 조심해야 하지만 부득이하게 트림을 하게 되면 조그만 목소리로 "미안합니다" 하고 사과하도록 한다. 그러나 중국 사람들은 식사에 초대받으면 일부러 트림을 한다고 하는데 잘 먹었다는 뜻으로 알고 주인이 좋아한다는 것이다.

우리들은 트림하는 것을 아무렇지 않게 생각하기 쉬운데, 서양인들은 트림하는 것을 방구 이상으로 안 좋게 생각하므로 주의하도록 한다.

7) 콧물·재채기

뜨거운 수프나 스튜 같은 것을 먹으면 콧물이 나오려고 할 때가 있다. 손수건을 꺼내 콧등을 가볍게 누르는 듯하게 코를 닦아낸다. 코를 들이마시거나 코를 풀지 않도록 한다. 재채기가 나오려고 하면 냅킨으로 입을 가리고 소리를 줄이며 침이 튀어나오지 않도록 한다. 서양인들은 옆 사람이 재채기를 하면 "God bless you"라고 한마디 해주기도 한다.

8) 과음

술을 많이 마셔 자신이 취한 것 같으면 취한 모습을 보이는 것은 부끄러운 일이므로 조용한 곳에 가서 잠시 바람을 쐬면서 쉬도록 한다. 지나치게 취했을 경우에는 웨이터나 다른 사람에게 먼저 자리를 뜨겠다는 말을 전하도록 하고 자리에서 일어나는 것이 좋은 방법이다. 디너파티에서는 물론이고 음료 중심의 모임이라도 지나치게 될 때까지 마셔서는 안된다.

9) 남의 실수

남의 실수나 신체의 이상 부분을 보게 되면 모르는 체하는 것이 좋으며, 남의 실수를 보고 옆에서 크게 반응을 보이는 것은 실례이다. 이렇게 되면 실수한 장본인이 무안하게 되고 안절부절 못하게 되면 이후의 시간은 즐거운 시간이 되지 못한다.

상황에 따라 지나친 무관심은 오히려 실례가 되는 경우도 있다. 상대가 당황하여 어쩔 줄 모를 때는 도움이 되는 말을 하거나 거들어주는 것도 좋은 방법이다.

10) 식기의 위치

테이블 위에 놓인 식기는 옮기지 않는다. 레스토랑에 따라 차이는 있지만, 테이블 세팅은 각기 나름대로의 이유와 합리성을 갖고 놓이게 된다. 예를 들면, 빵은 왼쪽에 놓아야 왼손으로 들고 오른손으로 뜯어 먹는 것이 편리하며, 와인 글라스는 오른쪽 앞에 놓아야 오른손으로 마시기 편하며 요리는 양손을 사용하므로 중심에 오도록 한다. 이렇게 모든 것이 제각기 '자기위치'에 놓여야 한다. 웨이터가 서브할 때도 이를 생각하면서 테이블 세팅을 하는 것이다.

빵 접시가 멀리 있다 하여 앞으로 당겨오기보다는 빵을 먹을 때는 몸을 약간 앞으로 기울여 빵 접시 위에서 빵을 떼어 입으로 가져오면 되고, 와인 글라스도 와인을 마시고 나면 처음 놓였던 위치에 놓았다가 다시 가져와 마시며 제자리를 찾도록 한다.

웨이터가 접시를 가지러 올 때 직접 접시를 들어 웨이터에게 주지 않는다. 레스토랑에서는 의젓하게 앉아 종업원의 서비스를 받을 줄 알아야 점잖은 손님이 된다. 테이블 위에 놓여 있는 식기는 아예 손을 대는 일이 없도록 한다. 웨이터가 갖다놓은 그 자리에 그대로 두고 포크와 나이프만을 이용하여 식사하는 것이다.

11) 입 안의 음식

입 안에 음식을 넣은 상태에서 말하는 것은 좋지 않다. 남에게 말을 걸 때도 상대방이 음식을 먹고 있을 때는 피하도록 한다. 입 안에 음식을 넣고 먹고 있는데 옆에서 말을 걸면 곤란하므로 이럴 경우에는 잠시 기다려 달라고 부탁하고 충분히 씹어 삼킨 후 대답한다.

음식을 입 안에 넣었을 때 생각보다 맵거나 뜨겁다 하여도 될 수 있으면 삼키도록 한다. 특히 서양인들은 한번 입 안에 들어간 음식을 다시 내놓는 것은 있을 수 없는 일로 생각한다. 그러므로 처음 대하는 음식은 조금만 입 안에 넣어보고 맛을 확인한 후 천천히 먹도록 한다.

만약 고기가 삼키기 어려울 정도로 질기거나 가시가 있는 경우에는 포크에 얹어 접시 한쪽에 놓도록 하고, 포크 사용이 어려우면 역시 냅킨으로 입을 가리고 손으로 꺼내 보도록 한다.

12) 포크와 나이프를 들고

식사를 하면서 포크와 나이프를 든 채 이야기에 열중하다보면 자신도 모르게 행동을 크게 하여 옆 사람에게 불안요소를 일으킬

수 있으므로 대화를 나눌 때는 포크와 나이프를 접시 위에 올려놓고 이야기한다.

테이블에서의 대화는 큰소리 나지 않게 조용히 나누는 것이 좋지만 옆 사람과 소곤소곤 이야기하는 것도 바람직하지 않다. 다른 사람이 보았을 때 비밀이야기를 나누는 것 같아 불쾌할 수도 있기 때문이다. 또한 알코올이 들어가면 목소리가 커질 수 있으므로 주의하도록 하고 입 안의 음식이 튀어나올 정도로 크게 웃거나 입을 크게 벌려 말하지 않는다.

13) 식사 중 자리 뜨기

식사 중에 자리를 여러 번 비우면 주변 분위기를 깨뜨리게 되므로 불가피한 경우가 아니면 자리를 비우지 않도록 한다. 자리를 비우면 요리가 코스별로 나오므로 요리 진행에도 차질이 빚어질 수 있다. 부득이한 경우 옆 사람에게 "잠깐 실례하겠습니다"라는 말을 하고 자리에서 일어난다.

식사 중에는 휴대폰 전원을 잠시 꺼두거나 진동으로 하여 식사에 집중하는 것이 좋으나 반드시 전화를 사용해야 하는 경우에는 자리에서 일어나 장소를 조금 이동한 후 통화하도록 한다. 통화 소음으로 인하여 사람들에게 방해가 되지 않도록 한다.

14) 웨이터 부르기

식사 중 필요한 것이 있으면 웨이터를 부르게 되는데, 이때 큰 소리로 부르게 되면 주변 사람들이 놀라게 된다. 웨이터는 항상 테이블을 향해서 손님의 부름에 대비하고 있으므로 살짝 눈짓만 해도 알아차린다. 웨이터는 손님과 시선이 마주치기를 기다렸다가 살짝 손을 올리면 그것만으로도 충분하고 손은 어깨 높이 정도로 올리는 것이 자연스럽다.

15) 손으로 집어오기

소금, 후춧가루 등을 가져오려 할 때 바로 옆이 아닌 조금 떨어진 곳에 있을 때 일어나 손을 뻗어 가져오지 않도록 한다. 이럴 경우에는 "죄송합니다만, 소금 좀 주시겠습니까?"라고 하면 된다. 사용하고 나면 인사를 하고 원위치에 놓도록 부탁한다.

비교적 가까이 있을 경우에는 "실례하겠습니다"라고 말하거나 상대방에게 "사용하시겠습니까?"라고 말한 후 가져오는 것이 좋다.

16) 요리에 조미료

음식을 맛보기도 전에 소금과 후춧가루를 치지 않도록 한다. 요리는 조리단계에서 어느 정도 맛을 내어 나오게 되므로 일단 맛을 본 후 소금이나 후춧가루를 필요에 따라 넣는 것이 좋다. 무조건 듬뿍 넣게 되면 오히려 음식 본연의 맛을 잃게 되므로 기호에 따라 음식의 맛을 살리는 정도에서 적당히 넣도록 한다.

17) 라이스 먹기

라이스는 포크의 안쪽을 이용하여 먹는 것이 좋으므로 떨어지지 않도록 포크에 라이스를 얹은 후 나이프로 가볍게 눌러주는 것이 먹기에 편하다. 음식이 떨어질까 염려되어 몸을 앞으로 숙이고 음식 가까이 먹는 것은 보기에 좋지 않다. 왼손의 포크로 라이스를 먹는 것이 부담스럽다면 포크를 오른손으로 바꾸어 쥐고 라이스를 떠서 먹을 수 있다.

18) 나이프로 음식을

나이프는 음식을 자를 경우에만 사용하는 것이므로 나이프를 이용하여 음식을 먹는 일이 있어서는 안된다. 스테이크나 감자 등을 나이프로 찌르거나 떠서 입으로 가져가는 것은 금물이다. 나이프는 일종의 칼이고, 특히 스테이크용 나이프는 매우 예리하여 입으로 가져가면 다치기 쉽다.

19) 맥주

맥주는 배부르게 먹지 않는다. 테이블 위에 놓여 있는 맥주는 술이라기보다 물 대신 마시는 음료라 생각하여 너무 많이 마시게 되면 배가 불러 음식을 즐길 수 없게 된다. 더구나 화장실까지 자주 다녀야 하는 일이 벌어지므로 술이 약하다고 하여 많이 마시는 일이 있어서는 안된다.

20) 테이블에서 화장을

식사가 끝나고 커피가 나오면 테이블에 앉은 채로 거울을 꺼내 화장을 고치는 여성들을 보게 되는데, 이는 숙녀답지 않은 행동이다. 서양에서는 이러한 행동을 자신의 정체를 알리기 위한 일종의 시위로 간주한다. 식사하는 동안 립스틱이 지워졌다면 화장실에 들러 고치도록 한다.

21) 바지 올리기

식사가 끝나면 간혹 허리끈을 조이고 바지를 추어올리는 남성들을 보게 되는데, 이 또한 점잖은 신사로 보이지 않는 행동이다. 다소 바지가 내려갔다고 생각되면 화장실에 가서 바로잡는 것이 점잖은 행동이다.

PART 6

까다로운 요리 먹는 법

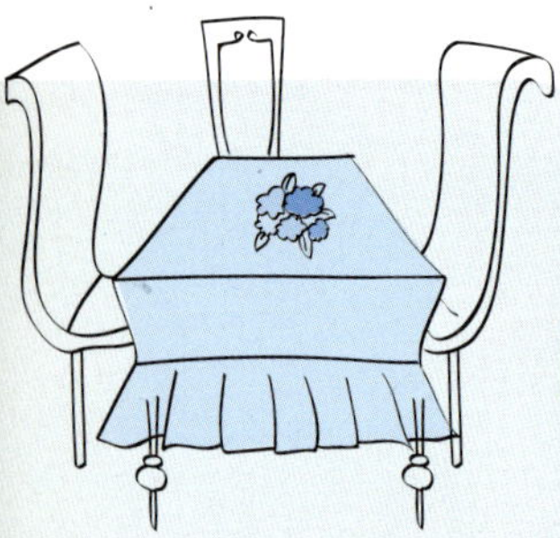

6 까다로운 요리 먹는 법

1) 로브스터

작은 새우는 쉬림프shrimp라 하고 바닷가재는 로브스터lobster 라고 하는데, 로브스터는 보통 껍질째 반으로 나누어 서브되므로 크게 걱정하지 않아도 된다. 먼저 살의 왼쪽 부분을 포크로 눌러놓고 나이프로 한입 크기가 되도록 자른다. 다 먹고 나면 껍질이 위를 향하도록 뒤집어 놓는다.

2) 새우

가끔은 새우가 통째로 조리되어 제공되기도 한다. 가벼운 모임이라면 손으로 잡고 먹어도 되지만, 정식모임에서는 포크와 나이프를 이용하여 껍질을 벗기도록 한다. 포크로 머리를 누르고 나이프로 머리 부분과 살 부분을 자른 후 다시 포크로 살을 누르고 나이프를 이용하여 다리 부분을 잘라 벌린 후 한입 크기로 잘라가며 먹는다.

3) 로스트 치킨

로스트 치킨의 다리 부분이 통째로 나오면 여기에는 먹는 방법이 몇 가지 있다. 포크로 살 부분을 누르고 나이프를 이용하여 뼈와 살을 분리한 후 한입 크기로 잘라 먹거나, 다리 부분이 은종이로 감싸여서 나오면 손으로 잡고 오른손의 포크를 이용하여 작게 잘라 먹거나 가벼운 자리라면 손으로 들고 먹어도 된다. 하지만 정식자리라면 반드시 포크와 나이프를 이용하여 먹도록 한다.

4) 뼈가 있는 스테이크

티본스테이크T-bone steak와 같이 뼈가 붙어 있는 채로 나오는 경우에는 뼈를 발라내고 먹는 것이 정식이다. 티본스테이크는 T자 모양의 뼈가 있는 형태이고 한쪽은 등심, 다른 한쪽은 안심으로 되어 있다. 경우에 따라서는 웨이터가 손님 앞에서 뼈와 살을 분리하여 주기도 한다. 그러나 본인이 직접 처리해서 먹는 경우에는 포크와 나이프를 이용하여 뼈와 살을 분리한 후 뼈는 접시 위쪽에 위치하도록 모아놓고 살은 왼쪽 앞부분부터 한입 크기로 잘라 먹는다.

5) 꼬치요리

금속꼬치에 고기나 야채들이 꿰어서 나온 경우에는 꼬치가 뜨

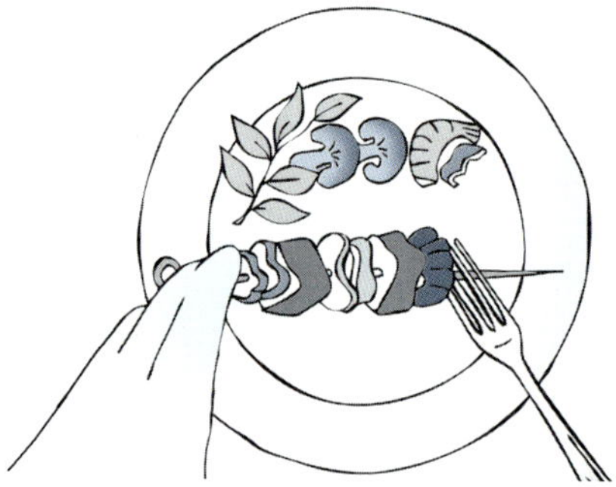

거우므로 맨손으로 잡지 않도록 한다. 왼손에 냅킨을 잡고 꼬치를 고정시킨 후 오른쪽부터 포크를 이용하여 재료들을 순서대로 가지런히 접시에 빼놓는다. 꼬치는 접시 위쪽에 위치하도록 놓고 포크와 나이프를 이용하여 음식을 먹는다. 꼬치를 손으로 들고 직접 입으로 빼서 먹는 일이 없도록 한다.

6) 비프스튜Beef stew

소스와 건더기가 넉넉한 비프스튜도 포크와 나이프를 사용하여 한입씩 잘라 소스에 묻혀 먹는다. 소스는 스푼을 이용하여 떠서 먹으면 되고 소스가 남으면 빵으로 찍어 먹어도 괜찮다.

7) 에스카르고Escargo: 식용달팽이

에스카르고는 프랑스의 대표 음식으로 전채코스에 나오는 식용달팽이로 만든 음식이다. 달팽이가 담긴 용기를 오븐에 넣어 구웠기 때문에 용기나 달팽이 모두 뜨거워 주의하지 않으면 안된다. 껍질째 나오는 에스카르고는 6개가 1인분이고 군데군데 움푹 들어간 전용그릇에 담겨 나오는데, 왼손의 홀더를 이용하여 껍질을 붙잡고 오른손의 가느다란 달팽이 전용포크를 이용하여 껍질에서 달팽이를 꺼내어 먹는다. 달팽이는 껍질 안의 소스를 묻혀가며 먹도록 하고 가벼운 모임이라면 남은 소스에 빵을 찍어 먹어도 좋다.

8) 생굴Oyster

서양에서 날로 먹는 것이 유일하게 생굴이다. 보통 껍질째 나오는 생굴은 왼손으로 껍질을 잡고 오른손의 포크로 떠서 먹으면 된다. 껍질 안에 즙이 고여 있으면 손으로 들고 마셔도 좋다. 생굴은 식욕을 돋우는 전채요리로서 제공되기도 한다. 레몬이 곁들여지면 오른손으로 레몬을 쥐고 왼손으로 감싸서 레몬즙을 굴 위에 고루 뿌린다. 굴은 추운 계절에 맛이 좋으며 영어의 달 이름에서 -er이 붙은 달September, October 등에 먹으면 좋다고 한다.

9) 카레라이스Curry rice

카레는 밥 위에 소스를 얹어 제공되거나 밥과 소스를 분리하여 제공되기도 한다. 밥 위에 소스가 있는 경우에는 3~4번 먹을 수 있는 분량의 밥과 소스를 버무려 먹고 난 후 다시 남은 밥과 소스를 몇 번에 나누어 버무려 먹는다. 분리하여 나온 경우에는 소서에 담긴 소스를 국자로 조금 떠서 밥 위에 얹고 비벼 먹은 후 다시 소스를 떠서 밥과 함께 비벼서 먹는다. 한 번에 밥과 소스를 버무려 놓고 먹는 것은 보기에 좋지 않다.

10) 스파게티

스파게티는 포크와 스푼이 곁들여 나온다. 오른손에 포크, 왼손에 스푼을 잡은 후 접시 안쪽의 스파게티에 포크를 넣고 스푼으로 받쳐서 돌돌 말아 입에 넣게 되는데, 처음 시작할 때 스파게티를 많이 잡고 감으면 점차 크기가 커서 입에 넣기 어렵게 되므로 조금만 잡고 시작해야 먹기 좋은 크기로 나온다. 건더기가 있으면 포크를 이용하고 소스도 같이 먹도록 한다. 이탈리아에서 스파게티는 전채요리로 분류하여 스파게티를 먹은 후 스테이크와 같은 메인요리를 더 먹게 되고, 국수를 먹는 것과 같이 입으로 '쪽쪽' 하는 소리를 내며 먹지 않도록 한다.

11) 샌드위치

샌드위치는 빵과 빵 사이에 재료를 넣기도 하고 3장의 빵을 이용하기도 하므로 크기가 큰 것이 대부분이다. 양식이라 하면 포크와 나이프를 이용하여 먹는다고 생각하지만 모든 음식이 다 그러한 것은 아니다. 샌드위치는 손으로 들고 먹어도 된다.

속이 빠져나오지 않도록 양손으로 쥐고 한입씩 잘라 먹으며 입을 크게 벌려서 베어 물어도 상관없다. 빵은 빵대로 내용물은 내용물대로 따로 먹는 것은 오히려 어색하며 작은 샌드위치는 오른손에 들고 먹으면 된다. 피클이나 올리브가 곁들여 나오면 포크를 이용하여 샌드위치와 번갈아가며 먹는다.

12) 피자

피자는 먹는 방법이 여러 가지가 있으며 대부분 부채꼴 모양으로 잘라 제공된다. 우선 미국식은 편하게 먹는 방법으로 가장자리의 단단한 도우dough 부분을 손으로 잡고 먹는다. 하지만 정식 코스에서는 손으로 먹지 않는 것이 좋으며 세팅되어 있는 포크와 나이프를 이용하여 왼쪽 앞에서 한입 크기로 잘라가며 먹는다.

13) 통감자

스테이크와 같은 육류요리에는 껍질째 구운 감자가 곁들여 나오기도 한다. 대부분 윗부분에 열십자의 칼집이 넣어져 나오는데, 칼집 낸 부분을 포크와 나이프를 이용하여 껍질을 바깥쪽으로 걷어내고 뜨거울 때 버터를 넣어 버터가 녹아 감자에 스며들면 한입씩 잘라 먹는다. 식기 전에 먹어야 맛이 좋고, 경우에 따라서는 버터를 넣지 않고 그대로 먹기도 한다. 다 먹고 나면 껍질을 다시 원래의 모양대로 접은 후 뒤집어 놓는다.

14) 옥수수

옥수수가 통째로 조리되어 2~3등분으로 잘라 제공되는 경우, 제공된 방법에 따라 먹는 방법도 달라지는데, 꼬치에 꿰어져 나오면 양쪽의 꼬치를 손으로 잡고 먹으면 된다. 만약 포크와 나이프가 있는 경우라면 옥수수를 세워놓고 왼손으로 잡거나 포크로 고정시켜 나이프를 이용하여 옥수수 알갱이를 긁어내린 다음 옥수수를 한곳에 모은 후 오른손으로 바꿔 쥔 포크로 떠서 먹는다.

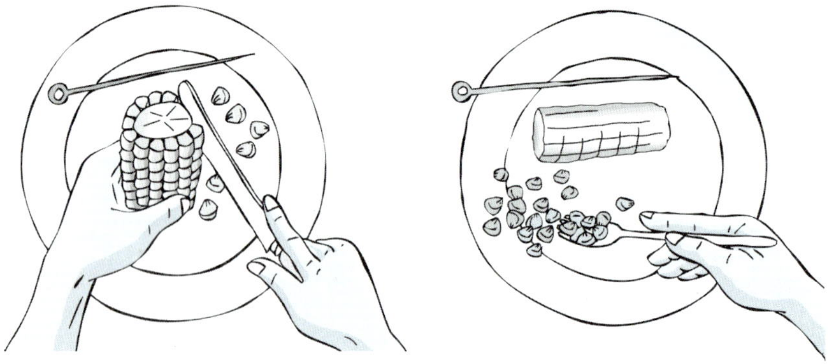

15) 손으로 먹는 음식

양식에서는 포크와 나이프를 이용하여 먹는 것이 일반적이지만 손으로 먹는 것이 합리적일 때는 이를 허용하고 있다. 그러나 정식 모임인 경우에는 손으로 먹을 수 있는 음식이 아예 나오지 않는다. 오르되브르인 카나페canape는 손으로 먹을 수 있도록 음식 자체가 작게 만들어져 있으므로 손으로 먹어도 되고, 육류음식에 곁들여 나오는 크레송cresson이나 아스파라거스asparagus도 정식 자리가 아닌 경우에는 손을 이용하여 먹어도 된다. 빵은 정식자리의 여부를 떠나 손으로 먹는 것이 매너이다. 어떤 의미에서는 손의 촉감도 미각과 관련하여 의미가 있기도 하다.

16) 디저트로서의 치즈Cheese

서양에서 치즈는 생활과 밀접한 관계가 있는 식품으로 테이블에 흔히 오를 뿐 아니라 디너 메뉴에도 빠지지 않는다. 프랑스 음식에서는 전채 코스에 치즈를 준비해야만 하고 여기에 와인을 곁들이면 더욱 환영받을 수 있다. 대개의 경우 접시에 여러 종류의 치즈가 야채와 함께 나오고 포크로 작게 잘라 먹으면 된다. 치즈 종류에는 치즈의 왕이라고 할 정도로 유명한 프랑스의 브리brie치즈, 영국의 체다cheddar치즈, 스위스의 에멘탈emmental치즈, 벨기에의 링거블가, 독일의 뮌스터Munster, 이탈리아의 파마산parmasan 등을 꼽을 수 있다.

치즈는 제조방법에 따라 크게 내추럴natural과 프로세스process의 2종류로 나눌 수 있다. 전자는 천연치즈로 유산균이나 곰팡이, 효소 등이 살아 있는 채로 자연숙성한 것을 말하며, 후자는 이런 것들을 가열 가공하여 인공적으로 만든 것을 말한다. 맛은 내추럴 치즈가 좋으며 치즈를 자를 때는 얇고 넓게, 가급적 공기가 많이 닿도록 면적을 넓혀 자르는 것이 공기와의 접촉으로 맛이 활성화되어 더 좋은 맛을 낼 수 있도록 한다.

PART 7

식탁에서의 술

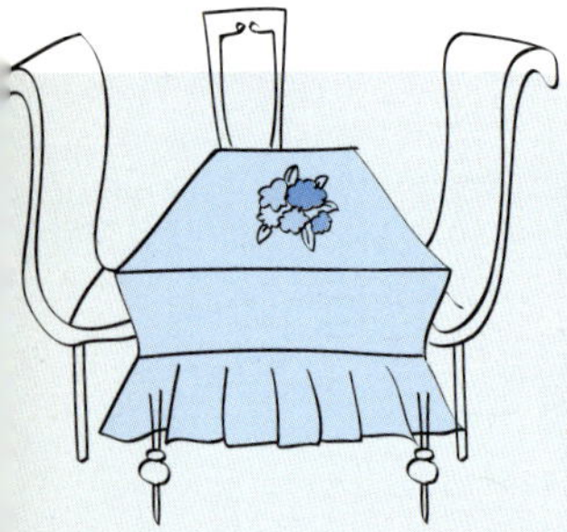

7 식탁에서의 술

1) 3가지 코스

식사에서 나오는 술은 음식과 함께 즐기기 위한 것이지 취하기 위한 것은 아니다. 그러므로 코스에 따라 다르게 나오는 음식에 맞추어 술을 마시면 음식과 술의 맛을 함께 즐길 수 있다. 풀코스에서는 식전주食前酒-식중주食中酒-식후주食後酒의 3단계로 구분하여 마시게 된다.

정식 디너에서는 식전주와 식후주를 마시는 룸이 별도로 준비되기도 한다. 레스토랑의 경우 바bar나 라운지lounge에서 만나 식전주를 마시며 담소를 즐기다가 식당으로 자리를 옮겨갈 수도 있다.

2) 식전주 : 아페리티프Aperitif

식전에 식욕을 돋우기 위하여 마시는 술로 대표적인 것으로는 드라이 셰리dry sherry, 베르무트vermouth가 있으며, 이외 각종 칵테일cocktail을 마시게 된다.

식전에 마시는 칵테일은 시간을 오래 끌지 않고 마시는 쇼트 드링크short drink이고, 칵테일은 차가워야 하기 때문에 글라스의 다리stem를 잡고 마시는 것이 좋다. 몸체bowl를 잡으면 손의 체온이 쉽게 전달되어 차가움이 덜하여 맛이 떨어지고, 한 잔을 가지고 조금씩 오래 마시다보면 미지근해져 이 또한 맛이 떨어지므로 20분 이내에 마시는 것이 좋다.

식전주는 다음에 나오는 음식을 맛있게 먹기 위한 일종의 워밍업이므로 입을 적시는 정도로만 마시는 것이 좋으며 스위트한 맛의 술은 식욕을 감퇴시킬 수 있으므로 가급적이면 드라이한 맛의 술을 마시는 것이 좋다. 또한 위스키 같은 강한 술을 마시게 되면 혀의 감각을 둔하게 하므로 피하도록 하며, 어떤 것을 마시더라도 식전주에서 취해버리면 안되므로 셰리sherry라면 한 잔 정도가 적당하다.

3) 식중주Table wine

요리에 맞추어 와인을 선택하여 마시게 되는데, 음식을 먹으면서 곁들여 마시는 술로써 주로 와인을 선택하게 된다. 생선요리에는 상큼한 맛을 내는 화이트와인white wine을, 고기요리에는 고기의 느끼한 맛을 감싸주는 레드와인red wine을 선택하게 되는데, 꼭 이렇게 해야 하는 것은 아니고 기호에 따라 선택할 수도 있다.

4) 식후주 : 디제스티프Digestif

대표적인 식후주로는 도수가 높고 향이 강한 리큐어liqueur, 브랜디brandy가 있다. 리큐르liquor와 리큐어liqueur는 발음상 혼동하기 쉬우므로 주의하도록 한다. 리큐르는 증류주, 즉 위스키와 같은 알코올주酒를 말하고, 리큐어는 위스키 같은 리큐르에 과실, 당밀 등 감미甘味를 넣은 술이다.

5) 드라이와 스위트

술맛은 크게 나누어 씁쓸한 맛이 나는 드라이dry와 단맛이 나는 스위트sweet로 구분한다. 보통 식전주로는 드라이한 술을 마시는데, 정식 자리에서는 베르무트vermouth를 주로 마시고, 이 술은 강장이나 위를 좋게 하는 것으로 와인을 기초로 하여 각종 약초를 넣고 만든 것이다. 세계적으로 많이 알려진 식전주로는 담백한 맛에 독특한 향기가 있는 드라이 셰리dry sherry가 있다.

이 밖에도 취향에 따라 고를 수 있는 여러 가지 칵테일이 있다. 보드카vodka와 오렌지주스orange juice로 만든 스크루드라이버screwdriver나 보드카와 토마토주스tomato juice로 만든 블러디 메리bloody mary 같은 것이 식전주 칵테일이고, 남성이 주로 즐기는 칵테일로는 진gin을 베이스base로 한 마티니martini, 여성은 위스키whisky를 베이스base로 한 맨해튼manhattan이 무난하다. 이외에 샴페인과 화이트와인을 마시기도 한다.

6) 와인

와인은 포도를 발효시켜 만든 술로 포도알 속에 있는 당분fruit sugar이 포도 표피에 있는 효모yeast에 의해 화학작용을 일으켜 알코올alcohol, 탄산가스, 그리고 에너지energy로 변하는 술이다. 음식에 어울리는 와인, 와인에 어울리는 음식이 있고, 기본이 되는 것으로는 다음 두 가지가 있다. 맛이 담백하고 가벼운light 음식에는 가벼운 와인이, 맛이 진한 음식에는 감칠맛 나는 헤비heavy한 와인이 어울린다.

생선과 같이 고기가 흰색을 띠는 담백한 요리에는 드라이한 화이트와인을, 붉은색을 띠는 고기음식인 경우에는 감칠맛이 있는 레드와인을 선택한다. 하지만 라이트한 레드와인은 비교적 어느 음식과도 잘 어울려, 최근에는 레드와인 한 가지로 생선이나 고기음식에 다 같이 마시기도 한다. 와인은 종류에 따라 가격 차이가 많으므로 음식에 맞게 적절한 가격의 와인을 주문하여 마시는 것이 좋다.

레스토랑에서는 주문에 따라 와인을 잔술glass wine과 병술로 구분하여 내고 있으며, 고급 와인은 병술로 주문하게 되므로, 귀한 모임에서는 고급 음식에 병째로 와인을 주문하는 것이 좋다. 간단한 식사를 하면서 굳이 고급 와인을 주문할 필요는 없다. 와인을 너무 어렵게 생각하지 말고 기본적인 사항만 기억한 후 여러 가지 와인에 도전해 보는 것이 와인을 이해하는 좋은 방법이다.

(1) 와인 생산지

① 프랑스

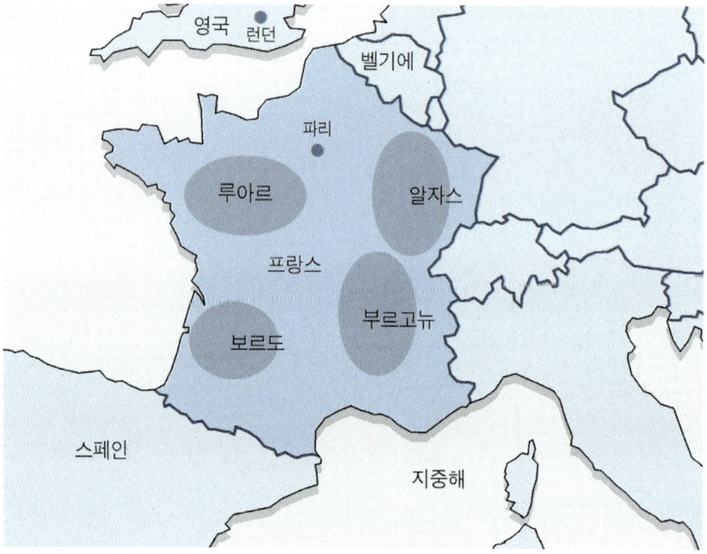

Tip 보르도Bordeaux

보르도 지방의 포도는 세계적인 것으로 선홍색을 띠고 맛과 향기가 독특하며 섬세하다. 소테른Sauternes 지역의 화이트와인은 디저트 와인으로 좋다.

부르고뉴Bourgogne

부르고뉴 지방은 레드와인이 유명하다. 암적색을 띠고 맛도 강해서 남성적이며 샤블리Chablis 지역의 화이트와인은 드라이한 맛으로 유명하다.

Tip

알자스Alsace

주로 화이트와인으로 그 명성이 알려져 있으며, 맛이 산뜻한 드라이와인으로 향이 풍부한 것이 특징이다.

루아르Loire

화이트와인으로 유명하고, 특히 앙주Anjou 지역의 로제와인이 유명하다.

프랑스 와인은 품질검사 규정에 따라 다음과 같이 4가지로 분류되어 있었다.

AOC (원산지 표시)	엄격한 규제를 받아 인정된 고급 와인이라는 표시로 라벨에 APPELLATION CONTROL이라 쓰여 있다.
VDQS (상질(上質) 지정 와인)	AOC가 1등급이라면 이에 버금가는 품질의 와인이라는 뜻으로 VDQS 마크가 라벨에 적혀 있다.
Vin de Pays (보급주)	발음은 '뱅 드 페이'로 엄격한 규제는 받지 않지만 원산지 기입이 의무화된 일반보급을 위한 와인이다.
Vin de Table (테이블 와인)	발음은 '뱅 드 타블'이며 브랜드가 허용되고 있는 와인으로 라벨에 표시되어 있다.

AOC 와인은 반드시 원산지가 APPELLATION과 CONTROL의 중간에 표기되어 있다. 그 원산지의 규제에 합격한 와인이라는 의미가 된다.

기재된 원산지 이름은 지방명, 지구명, 촌명 등으로 되어 있으나, 넓은 지역 이름보다는 좁은 지역의 지명일수록 엄격한 규제를 통과한 합격품임을 나타낸다.

그러므로 원산지명이 Bordeaux라고 되어 있는 것보다 Margaux라고 쓰여 있는 것이 격이 높은 와인이다.

하지만 프랑스 원산지품질통제명칭의 와인등급체계는 2009년 8월부터 4등급 체계인 AOC(Vins d'Appellation d'Origine Contrôlée), VDQS(Vins Deliminites de Qualite Superieure), Vins de Table, Vins de Pays가 3등급 체계인 AOP(Appellation d'Origine Protégée), IGP(Indication Geographique), Without IG(Sans Indication Geographique)로 변경되었다.

구 분	내 용
AOP	AOC와 AOC급의 품질통제를 받으면서 AOC 진입단계였던 VDQS와 통합 프랑스 생산량의 47% 차지
IGP	Vins de Pays의 변경. 15%의 다른 빈티지 와인 혹은 다른 품종과 블렌딩 허용 프랑스 생산량의 25% 차지
Without IG	Vins de Table의 변경. 품종과 빈티지 표시 허용 15%의 다른 빈티지 혹은 다른 품종과 블렌딩 허용 프랑스의 여러 지방 혹은 유럽연합국가에서 생산된 빈티지 와인 블렌딩 가능 프랑스 생산량의 28% 차지

② 독일

화이트와인에 관하여 프랑스에 뒤지지 않게 세계적으로 유명한 나라는 독일이다. 대표적인 와인생산 지방으로 라인Rhine과 모

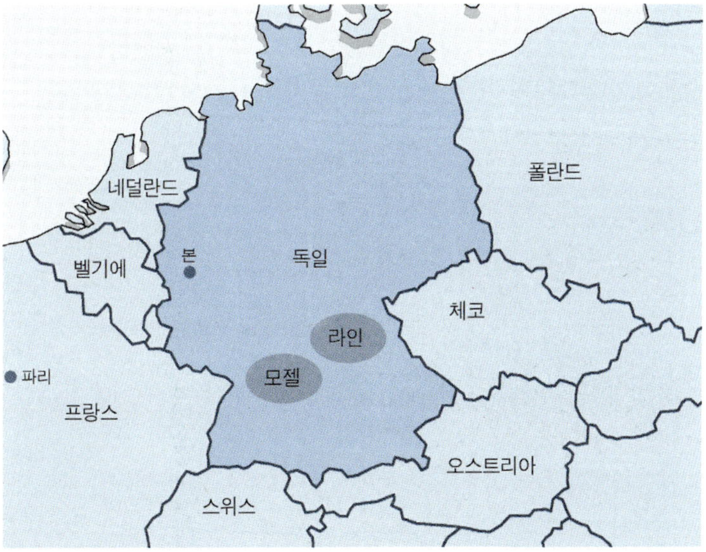

젤Mosel을 들 수 있다.

독일산 와인은 품질검사 규정에 따라 다음과 같이 3가지로 분류한다.

독인 와인의 특징은 드라이한 맛보다는 스위트한 맛을 가지고 있어 일반인들이 즐겨 마시기에 좋다.

Q.m.P (고급와인)	상급(上級) 와인 재배지역의 규정에 준하여 성숙된 포도로 양조된 고급와인을 말하며 라벨에는 QUALITATSWEIN MIT PRADIKAT라고 표기된다.
Q.b.A (지정 재배지역 상급 와인)	상급 와인 재배지역의 포도로 양조된 상급 와인 라벨에는 QUALITATSWEIN이라고 표기된다.
Tafelwein (보급주)	일반 보급을 위한 대량 생산주로 비교적 값이 저렴하다.

Tip ● ● ● 라벨

Q.m.P는 포도의 당도에 따라 다음과 같은 종류로 다시 분류되어 라벨에 표시되고 있다.

Kabinett	라이트한 와인으로 식중주로서 가장 적합한 술이다.
Spätlese	충분히 익은 포도를 원료로 한 것으로 약간 단맛이 나는 와인이다.
Auslese	충분히 익은 포도 중 알이 굵은 포도송이만을 골라서 만든 것으로 감칠맛이 난다.
Beerenauslese	포도송이에서 좋은 것만을 골라 만든 것으로 감미가 짙은 것이 특징이다.
Trockenberenauslese	균을 이용하여 숙성시킨 와인으로 감미가 짙으며, 값비싼 와인이다.

③ 이탈리아

와인에 있어서는 최대 생산국이자 수출국이며 토스카나Toscana 지방에서 생산된 키안티chianti가 유명하다.

④ 포르투갈

화이트와인하면 포르투갈이라고 할 정도로 포르투갈의 로제와인은 유명하다.

⑤ 칠레

남미 최고급 와인 생산지로 우리나라에도 저렴한 가격의 우수한 품질의 와인이 애용되고 있다.

⑥ 미국

최근 새로운 포도재배와 양조학의 연구를 통하여 와인산업의 비약적인 발전을 보이고 있으며 96% 이상이 캘리포니아에서 생산되고 있다.

(2) 와인의 빈티지

와인은 오래될수록 좋다고 생각하기도 하나 화이트와인은 3~4년, 레드와인은 4~5년 후가 적당하다. 오랜 숙성과정에서 그 진가를 발휘한다는 최고의 보르도산 레드와인은 15~20년 후가 좋지만 술에 따라서는 4~5년 정도에서도 훌륭한 와인이 될 수 있다. 오래된 와인이라도 보존상태가 좋지 않으면 품질이 떨어질 수 있으므로 적기에 마시는 것이 좋다.

포도 경작지는 해마다 포도 작황에 영향을 주는 기후변화가 심하므로 수확량보다는 수확연도의 기후변화에 따라 포도의 질, 즉 포도주의 질이 좌우된다. 작황이 좋은 수확연도의 포도로 양조된 와인의 품질은 당연히 좋을 수밖에 없다. 같은 상표의 와인이라도 그 와인이 만들어진 수확연도vintage에 따라 품질이 다르므로 와인을 주문할 때 "몇 년도 산인가요?" 하고 묻게 되는 것이다.

(3) 병 모양과 색상

병 모양과 색깔을 보고 그 와인의 원산지를 알 수도 있다.

① 독일 와인형

병목이 가늘고 길다. 주로 라인지방은 자색, 모젤지방은 녹색이다.

② 부르고뉴형

병목이 약간 처진 형태로 거의 녹색이 주류를 이루고 있다.

③ 보르도형

병목이 솟은 형태로 녹색이며, 화이트와인은 투명한 것도 있다.

밑둥이 평평한 박스 보이텔형이며, 스타일은 독일의 프랑켄 지방에서 최초로 사용하였다.

④ 키안티 피아스코Chinti Fiasco

밀집으로 밑동을 싸놓은 것으로, 이탈리아의 캔디병 스타일로 바닥은 둥글고 녹색이다.

Tip ● ● ● 와인의 국가별 표현

와인wine은 세계적으로 쓰이는 공식어이다. 각국의 단어도 알아두면 주문할 때 편리하다.

	영(英)	프(佛)	독(獨)	이(伊)
와인	Wine	Vin 뱅	Wein 바인	Vino 비노
적	red	rouge 루주	rot 로트	rosso 로소
백	white	blanc 블랑	weiss 바이스	bianco 비앙코
로제	rose	rosé 로제	rose 로제	rosato 로자토
스위트	sweet	doux 두	lieblich 리블리히	dolce 돌체
중간 드라이	medium dry	demi sec 데미 세크	halbtrocken 할프트로켄	abboccato 아보카토
드라이	dry	sec 세크	trocken 트로켄	secco 세코

(4) 소믈리에

소믈리에sommelier는 와인을 전문으로 담당하는 웨이터로, 일명 와인 스튜어드라고도 한다. 일류 레스토랑에는 와인 리스트가 있는데, 세계 각국의 와인이 적혀 있다. 그 많은 종류 중에서 한 가지를 선택하기란 쉬운 일이 아니므로, 이때 와인 전문 웨이터인 소믈리에와 상의하는 것이 좋다.

"○○요리에는 어떤 와인이 좋은지요?"라고 예산도 고려하며 물어본다. 예산을 말하기 어려우면 와인 리스트에 적혀 있는 가격을 가리키며 "이 정도의 예산으로"라고 말하는 것이 좋다. 보통 와인 한 병은 와인 글라스로 7~8잔이 나오므로 사람수에 따라 적당량을 주문한다.

값이 저렴하고 식사와도 무난하게 어울릴 수 있는 와인으로 하우스 와인house wine이 있으므로 부담 없이 즐기고 싶다면 하우스 와인 중에서 레드red나 화이트white를 주문해도 좋다.

(5) 호스트의 역할

와인을 주문하면 소믈리에나 웨이터가 주문한 와인을 가지고 호스트 앞에 오게 된다. 이때 호스트는 병의 라벨을 자연스럽게 살펴보고 주문한 와인이 맞는지를 확인한 후 고개를 끄덕인다. 그러면 소믈리에는 와인의 코르크 마개를 열고 호스트 앞에 놓인 호스트의 와인 글라스에 조금 따르게 된다. 호스트는 바닥에 놓은 채로 잔을 2~3번 가볍게 흔든 후 글라스를 들고 약간 기울여 와인의 색깔에 이상이 없는지 살펴본 다음 향기를 맡고 한 모금 마셔본다. 입 안에서 혀끝으로 와인을 굴리듯이 하여 맛을 보고 나서 목으로 흘려보내면 와인의 향기와 맛을 함께 느낄 수 있다. 이렇게 한 모금을 마신 다음 특별한 이상이 없다고 생각되면 "좋습니다"라고 하든지 고개를 가볍게 끄덕인다. 그러면 소믈리에는 앉아 있는 손님들에게 와인을 서브하게 된다.

와인의 맛이 변질된 것이 아니라면 취향에 맞지 않는다고 하여 바꿀 수는 없다. 라벨을 살펴볼 때 비록 그 내용을 알 수 없다 하여도 형식적으로 살펴보는 흉내라도 내도록 한다.

(6) 적포도주의 결혼

연대가 오래된 적포도주는 마시기 전에 충분히 공기와 접촉시키면 활성화되어 맛과 향이 살아나므로 마시기 1시간 전에 미리 마개를 따놓는 것이 좋다. 와인은 밀폐되어 있기 때문에 오픈하여 공기와 접촉시키는 것을 '와인과 공기의 결혼'이라고 표현한다. 그러므로 레스토랑에서 연대가 오래된 와인을 마시려면 미리 전화로 주문하는 것이 좋다.

경우에 따라서는 디캔트decant라 하여 디캔터decanter에 옮겨서

서브되기도 한다. 디캔팅, 즉 따라 옮기는 요령은 양초를 옆에 켜놓고 와인 병목부분을 비쳐보면서 디캔터에 옮기는 것이다. 병 밑의 앙금이 병목부분으로 나올 때쯤 따르는 것을 중지한다. 조금 남아 있는 와인은 앙금과 같이 그대로 병에 남겨둔다. 이러한 과정을 통하여 앙금을 제거하고 동시에 공기와도 접촉하게 하여 본래의 맛과 향기를 되살리게 하는 것이다. 가정에서도 오래된 고급 와인이라면 이와 같은 과정을 시도해 보는 것도 좋다. 공기와의 접촉이 부족하다 싶으면 글라스 밑부분을 테이블에 놓은 채로 천천히 원을 그리듯 몇 번 돌리면 '공기와의 결혼'이 이루어져 맛이 부드러워진다. 와인마개를 따서 바로 마실 때는 떫은맛이 강하다가도 시간이 지나 마지막에 마시는 와인이 부드러운 것은 이러한 이유에서이다.

(7) 와인의 첨잔

글라스에 따를 때는 나머지 공간에 향기가 머물러 있도록 잔의 6~7부 정도까지 따른다. 적포도주는 첨잔해도 무난하나 백포도주는 차게 해서 마시는 와인이므로 첨잔하지 않도록 한다. 와인은 웨이터가 따라주므로 동석인끼리 서로 따라주지 않는 것이 원칙이지만, 웨이터가 타이밍을 맞추지 못하면 경우에 따라 동석인끼리 따라주기도 한다. 가정에서는 남자 주인이 술을 서브한다.

(8) 가정에서의 보관

와인은 냄새가 없고 햇볕이 들지 않는 어두운 장소에 코르크 마개가 마르지 않도록 병을 눕혀서 보관한다. 코르크 마개가 말라서 공기가 들어가게 되면 와인이 산화되기 때문이다. 적정온도는 10~15℃, 습도는 75% 전후가 이상적인 상태이다.

고급와인을 사놓고도 보관장소가 적절치 못하면 맛이 변하므로 와인을 보관할 적정한 곳이 없을 경우에는 장기보관을 하시 않는 것이 좋다. 시중에서 사온 고급 적포도주는 이동한 움직임의 진동에 따라 앙금이 퍼져 있으므로 1주일 이상 눕혀 놓았다가 마시는 것이 좋으며 하루 전에 병을 바로 세워 놓아 앙금이 가라앉도록 한다.

와인에 따른 시음 적정온도

Tip

- 스위트 화이트와인 : 4℃
- 드라이 화이트와인 : 8℃
- 샴페인 : 6℃
- 로제와인 : 10℃
- 라이트 레드와인 : 12℃
- 레드와인 : 16℃

그러므로 레드와인을 냉장고에 보관하였다가 꺼내어 바로 마시는 일이 없도록 한다.

7) 샴페인은 식전주와 식중주

프랑스 법에서는 '샴페인이란 프랑스 북부지역인 샹파뉴 지방에서 오래된 전통에 의해 만들어지는 매우 특별한 발포성 와인'이라 규정하고 있다. 보통 건배용으로 사용되고 있으나 식중주로서도

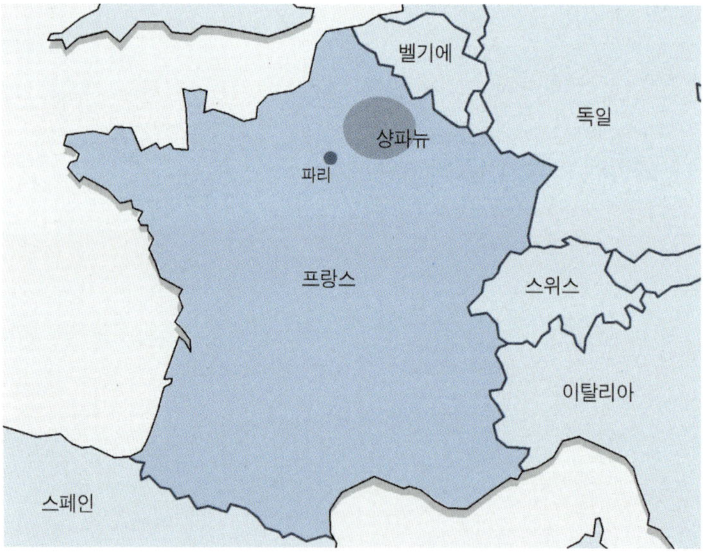

흔히 마시는 와인이다. 그 외의 지역에서 생산되는 것은 스파클링 와인이라 부른다.

식전주와 식중주를 같은 샴페인으로 마시지는 않는다.

샴페인의 감도甘度

Tip

- 베리 드라이(very dry) : 1~2%
- 드라이(dry) : 3~5%
- 데미 세크(demi sec) : 6~7%
- 스위트(sweet) : 8~12%

식전주로는 베리 드라이한 맛을 선택하는 것이 좋고 식중주는 드라이 또는 데미 세크가 어울리며 식후주로는 감미가 짙은 스위트를 마신다. 샴페인을 처음 마시면 상큼한 맛으로 자주 마시게 되는데, 조주상 미숙한 성분이 남아 있는 술로서 순한 것 같아도 너무 많이 마시면 쉽게 취해서 고생하게 된다. 식전주부터 식후주까지 계속 샴페인을 마시는 것은 알코올에 자신이 있는 사람이 아니라면 피하는 것이 좋다.

8) 식후주는 강한 술

정식 파티에서는 디저트를 다 먹고 코스요리가 끝나면 별실로 장소를 옮겨 식후주를 마시기도 한다. 이미 음식으로 배가 부른 상태이므로 양을 적게 하고 그 대신 강한 술로 '입가심'하게 된다. 식후주로 대표적인 것은 브랜디brandy와 리큐어liqueur로 커피나 담배, 시가cigar와 함께 마시는 것이 보통이다. 담배를 피울 때는 주위 사람의 양해를 구하도록 한다.

9) 브랜디brandy

브랜디 글라스는 튤립모양의 형태로 다리stem부분이 짧고 입구

가 좁아 브랜디의 향기가 덜 발산하게 되어 있으며, 브랜디는 강한 술이므로 글라스 밑부분에 소량 따른다. 양손 또는 한 손으로 글라스 밑부분을 잡고 천천히 흔들어가며 손의 따뜻한 체온을 전달하며 마신다. 마시기 전에 코 가까이 대어 향기를 맡고 한 모금 입에 머금은 후 맛과 향기를 즐기고 나서 천천히 목으로 넘긴다.

10) 세계적인 브랜디, 코냑

세계적으로 유명한 브랜디는 프랑스의 코냑Cognac과 아르마냑Armagnac이다. 코냑으로 대표적인 것은 마르텔Martel, 헤네시Hennessy, 쿠르부아지에Courvoisier, 레미 마르탱Remy Martin, 비스킷Bisquit 등이 있다.

브랜디는 오래된 것일수록 고급주가 되며 순서대로 살펴보면 다음과 같다.

new ························► old

3star V.O V.S.O V.S.O.P X.O EXTRA

나폴레옹은 보통 V.S.O.P 클래스 이상의 술에 붙여지게 되지만, 이와 같은 등급 표시는 법적으로 통일된 기준이 아니라는 데 주의한다.

11) 쿠앵트로Cointreau

브랜디와 같이 향을 즐기면서 음미하듯 마시는 술로 식후주로 화이트 큐라소white curaçao나 오렌지 큐라소orange curaçao를 흔히 마신다. 리큐어는 증류주에 향료, 설탕, 착색료 등을 첨가하여 만든 강한 술로서 단맛이 강한 것이 특징이다. 종류로는 적, 청, 황색을 띤 여러 종류가 있어 '액체의 보석'이라고도 일컬어진다. 많이 알려진 것으로는 프랑스 쿠앵트로사의 제품인 주정 40도의 쿠앵트로가 있으며 큐라소에서 생산되는 오렌지 껍질로 만든 큐라소가 있다.

12) 글라스의 종류

셰리 글라스
리큐어 글라스
펀치 글라스
쇼트 글라스
칵테일 글라스
샴페인 글라스
백포도주 글라스
적포도주 글라스
브랜드 글라스
고블릿 글라스
올드 패션

PART 8 파티에서의 매너

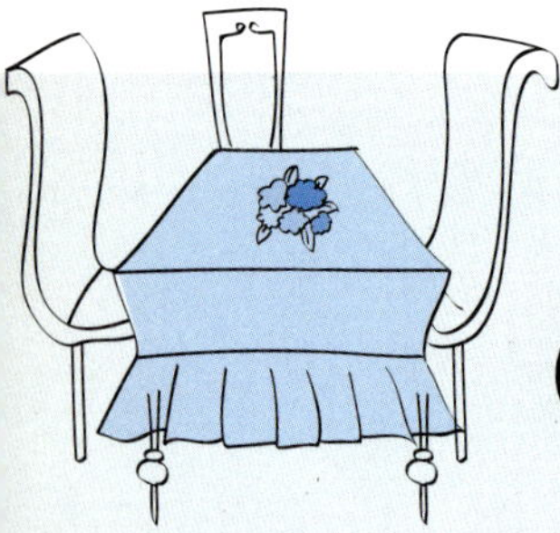

8 파티에서의 매너

1) 뷔페파티

최근 사교를 목적으로 하는 여러 형태의 파티가 많이 열리고 있어 참석할 기회도 늘고 있다. 그중 디너파티는 격식을 갖춘 모임으로 자유롭게 환담을 나누는 자리와는 거리가 있고, 반면 뷔페나 칵테일파티는 자유롭게 장내를 돌아다니면서 담소를 나눌 수 있다. 이런 파티는 입식으로 할 수 있으며 셀프서비스가 일반적이다.

정식 파티에는 초청장에 복장이 지정되어 있으나 보통의 파티라면 가벼운 정장차림이 바람직하다. T셔츠나 진바지, 반바지, 슬리퍼 등의 차림은 곤란하다. 스탠딩 파티라면 여성의 경우 핸드백을 어깨에 멜 수 있는 것으로 준비하는 것이 한 손에 음식 접시를, 다른 한 손에는 포크를 잡을 수 있어 편리하다.

2) 뷔페음식의 3단계

뷔페 메인테이블에는 풀코스에서 나오는 식으로 오르되브르, 샐러드, 수프, 생선음식, 고기음식, 디저트로 분류되어 있으며 여기에 덧붙여 한국요리, 중국요리, 일본요리 등의 별도 코너가 준비되기도 한다.

음식 담는 순서는 접시를 들고 시계방향으로 차가운 음식부터 담기 시작한다. 뷔페파티는 풀코스의 순서로 먹어야 할 필요는 없지만 음식을 맛있게 먹으려면 될 수 있는 대로 코스와 비슷한 순서로 먹는 것이 좋다.

먼저 오르되브르와 샐러드, 수프를 먹고 메인음식을 먹은 후 디저트의 코너로 가는 3단계가 바람직하고 이 과정에서 몇 번이고 접시를 바꾸게 된다. 만약 따뜻한 접시가 준비되어 있으면 차가운 음식은 보통 접시에, 따뜻한 음식은 따뜻한 접시에 담아야 음식을 제대로 즐길 수 있다.

경우에 따라 동시에 많은 사람들이 음식 앞으로 가서 길게 줄을 서고 있으면 처음부터 시작하는 것보다 수프나 샐러드를 가볍게 떠서 음식을 먹고 있다가 줄이 어느 정도 짧아지면 시작하는 코너에 가서 음식을 가져오는 것도 좋다.

3) 테이블에서 떠나기

요리를 덜고 나서 음식이 놓여 있는 테이블 앞에 서서 이야기를 나누는 사람이 있는데, 이는 다른 사람에게 방해가 되므로 음식을 덜면 바로 테이블에서 떠나도록 한다. 의자가 놓여 있으면 의자에 앉아 먹기도 하지만, 의자가 없는 경우에는 편한 공간에서 사람들과 인사하고 대화를 나누면서 음식을 먹는다. 다 먹은 후 접시나 컵 등을 테이블 위에 올려놓으면 웨이터가 치우기도 하고 서브하는 사람이 적을 경우에는 먹고 난 접시를 모아두는 곳에 올려놓는다. 음식을 먹기 위한 도구인 포크나 젓가락의 경우 시작하는 곳에 준비되어 있지만, 처음부터 잡게 되면 음식을 덜 때 불편하므로 나중에 집는 것이 편리하다.

4) 음식은 조금씩

요리는 적당한 양으로 먹을 만큼만 접시에 담아오도록 한다. 뷔페는 여러 번 다녀와도 좋으므로 한 번에 음식을 수북하게 담아오기보다는 조금씩 여러 차례에 나누어 보기 좋게 담아오도록 하며 소스를 곁들일 때는 소스가 흘러서 다른 음식에 묻지 않도록 한다. 맛있어 보인다고 하여 많이 담아 온 후 먹다가 남기기보다는 조금 가져와 맛을 본 후 다시 가져오는 것이 좋고 접시의 음식을 다 먹고 나면 남은 음식은 한쪽으로 모아놓는다.

5) 음식은 직접

여성이 남성에게, 아랫사람이 윗사람에게 음식을 대신 갖다주는 것은 바람직하지 않다. 셀프 서비스란 자기 것은 자신이 직접 가져다 먹는 방법이므로 이에 따르는 것이 매너이다. 남자가 여성을 시키는 것도, 아랫사람이 윗사람에게 알아서 갖다드리는 것도 모두 매너가 아니다. 경우에 따라 과일을 한 번에 많이 가져와 테이블 중앙에 놓고 여럿이서 먹는 것도 불필요한 일이다. 기호에 맞지 않거나 분량이 많으면 남길 수 있으므로 본인의 음식은 본인이 직접 가져오도록 한다.

6) 칵테일파티

칵테일파티는 '마실 것'을 위주로 하는 사교모임으로 뷔페파티는 칵테일파티 형식에 넉넉한 음식을 추가하여 준비한다는 것이 칵테일파티와 다르다. 디너파티는 반드시 시간을 지켜야 하지만 칵테일파티는 시간에 대해 어느 정도 여유가 있다. 하지만 식순이 있거나 특별한 목적이 있는 경우에는 그렇지 않을 수도 있으니 잘 판단하여 참석한다.

음식은 주로 술 안주류인 카나페 종류나 한입 크기의 핑거 푸드finger food로 준비되며 서브되는 음료로는 칵테일, 위스키, 맥주, 진, 와인, 샴페인 같은 알코올류에 각종 주스가 마련된다. 파티는 보통 저녁식사 시간보다 조금 이른 6시 전후로 2시간 정도 소요되며 파티가 끝났는데도 계속 남아 있는 것은 주최자를 곤란하게 하므로 많은 사람들이 일어날 때 다 함께 일어나도록 한다. 초면일 때는 누구의 소개로 인사를 나누는 것보다 스스로 자기소개를 하면서 가볍게 인사를 나누도록 하고 명함을 충분히 준비해 가는 것을 잊지 않도록 한다.

7) 찬 글라스는 종이 냅킨으로

칵테일이나 주스를 마실 때는 단번에 마시지 말고 조금씩 잔을 기울여가며 마시도록 한다. 차가운 음료를 마시는 경우 글라스에 종이 냅킨으로 싸서 마시면 물방울이 떨어지는 것을 막을 수 있다. 마실 것이 서브되는 장소에는 대개 종이 냅킨이 준비되어 있으므로 칵테일의 경우 3각으로 접어서 글라스 바닥부분을 받치고, 위스키나 진토닉의 경우에는 글라스 밑부분을 싸서 쥔다. 이런 종이 냅킨으로는 입을 닦거나 다른 용도로 사용하지 않는다.

그리고 웨이터가 음료를 쟁반에 받쳐 들고 다니는 경우도 있는데, 이럴 경우에는 언제든지 마실 수 있다. 원하는 음료가 없으면 웨이터에게 마시고 싶은 것을 가져다 달라고 부탁해도 된다. 그 대신 부탁했으면 웨이터가 쉽게 찾을 수 있도록 그 자리를 뜨지 않도록 한다. 또한 여러 가지를 주문하여 조금씩 마신 후 남겨놓지 않도록 하고 대략 1인당 1~2잔 정도가 적당하다.

파티에서는 절대로 취하는 일이 없도록 한다. 이러한 장소는 보다 많은 사람과 친분을 갖는 것이 목적이므로 분위기를 즐기는 정도로만 마셔야 한다.

8) 먹으면서 걷기와 말하기

음식을 먹으면서 상대와 말을 나누는 것도 좋지 않고 걸으면서 음식을 먹는 것도 좋지 않다. 상대가 음식을 먹고 있을 때는 가볍게 인사만 하고 상대가 음식을 다 먹고 나면 정식으로 인사를 한다. 음식을 접시에 담은 후 동시에 음료를 접시 빈자리에 올려놓아도 된다. 이때 잘못하면 길이가 긴 글라스가 넘어질 수 있으니 조심하도록 하고 아니면 음식과 음료를 따로따로 가져올 수도 있다.

9) 소개하기

파티에서는 사람을 소개하고 소개받는 경우가 많은데, 순서가 바뀌면 상대에게 실례가 되므로 문제는 누구를 먼저 소개하느냐이다.

① 아랫사람을 윗사람에게

② 남성을 여성에게

③ 미혼자를 기혼자에게

④ 연령이 낮은 사람을 연령이 높은 사람에게

예를 들면 "사장님, 이분이 ○○사 영업부장 ○○○ 씨입니다."라고 소개한 후 "김민철 부장님, 저희 회사 사장님이십니다." 하고 소개하면 된다. 직위는 연령을 우선하므로 연령이 적어도 직위가 높으면 직위가 낮은 사람을 높은 사람에게 소개한다.

악수는 윗사람이 먼저 손을 내밀어 청하며 아랫사람이 먼저 나서면 안되고 남성과 여성인 경우 여성이 먼저 악수를 청한다.

10) 파티에서 나 홀로

의자가 군데군데 놓여 있는 것은 피곤하거나 몸이 불편한 사람을 위하여 마련된 것이므로 될 수 있으면 다른 사람들과 같이 서 있는 것이 좋다. 파티는 많은 사람들이 모여 사교를 목적으로 하는 장소이기 때문에 외롭게 혼자 앉아 있는 것은 파티 참석에 대한 본연의 목적을 잊어버리는 것이다. 혹시 앉아 있을 경우에도 연장자나 여성이 오게 되면 자리를 양보하는 것이 좋다.

11) 흡연

담배를 피우면서 걷지 않도록 하고, 피우다가도 움직이려면 바로 끄는 것이 좋다. 그리고 접시를 재떨이로 사용하는 것은 있을 수 없는 일이다.

Tip 담배 피울 때의 에티켓

- 재떨이가 놓여 있지 않은 장소는 '금연'으로 간주한다.
- 담배 연기를 코로 내뿜지 않는다.
- 안주머니에서 하나씩 꺼내 피우지 않는다.
- 이동 중에는 절대 담배를 피우지 않는다.
- 옆에 여성이 있는 경우 양해를 구한 후 피운다.
- 담배 연기가 상대에게 가지 않도록 한다.

12) 티파티Tea party

티파티는 주로 가까운 사람들끼리 친목도모를 위하여 열리게 된다. 음식은 주로 홍차black tea와 케이크, 쿠키, 샌드위치가 준비되며 가벼운 분위기에서 편안하게 즐길 수 있는 모임이다. 홍차를 한 잔 더 마시고 싶으면 여주인hostess에게 부탁하도록 하고 아무리 가까운 사이라도 직접 따라 마시지 않는다.

서서 홍차를 마실 경우 왼손으로 찻잔받침saucer을 받쳐 들고 오른손으로 컵을 들어 마시고, 여성인 경우 컵에 립스틱 자국이 남으면 손가락으로 닦아낸다. 샌드위치나 쿠키가 접시에 담겨 나오면 개인접시에 옮겨놓은 후 먹는다. 케이크는 서버server를 이용하여 개인접시에 옮겨온다.

홍차는 차나무 잎을 발효시킨 것이고 발효시키지 않은 차는 녹차, 중간 발효된 차는 우롱차, 재스민차 등이 있다. 그러므로 여러 종류의 차가 있지만 원료는 차나무 한 가지이다.

홍차는 우리는 방법에 따라 여러 가지로 즐길 수 있다. 여기에서는 대표적인 홍차 우리기에 대하여 알아본다.

(1) 스트레이트 티straight tea

설탕과 우유를 넣지 않고 홍차 그 자체의 맛을 즐기는 홍차이다.

Tip ● ● ● 준비물

티 포트, 티 스트레이너, 티 스푼, 티 컵, 홍차잎, 타이머

만드는 법

1. 주전자에 신선한 물을 넣고 끓인 다음 포트와 컵에 부어서 따뜻하게 준비한다.
2. 다시 주전자를 불에 올려 물(1인분에 150g)을 더 끓이고 잠시 후 포트의 물을 따라 버린다.
3. 포트에 홍차잎(1인분에 1티스푼의 양을 넣지만 잎이 크면 수북하게 잎이 적으면 보통으로 계량한다. 보통은 3g)을 넣는다.
4. 물이 500원 동전 크기의 거품이 보이도록 끓으면 주전자를 높이 들어 옆에 있는 포트에 붓고 바로 뚜껑을 덮는다.
5. 우리는 시간은 홍차잎에 따라 다르지만 보통 3분간 우려낸다.
6. 시간이 지나면 포트를 가볍게 흔들어 차의 맛을 균일하게 만든다.
7. 컵의 물을 따라 버린 다음 컵에 티 스트레이너를 대고 홍차를 따른다. 홍차는 컵에 충분히 따르는 것이 좋으므로 컵의 8부 정도 오도록 한다.

(2) 로얄 밀크 티royal milk tea(2인분)

스트레이트 티에 따끈한 우유를 넣어 마시는 영국식 밀크 티도 좋지만 간혹 인도나 스리랑카 스타일의 로얄 밀크 티를 마셔보는 것도 좋다. 만드는 법은 다양하나 여기에서는 우유와 물을 동량으로 준비하여 냄비에서 우려내는 방법을 소개한다.

Tip

재료

물 1컵, 우유 1컵, 홍차(아쌈assam, 우바uva 등) 2큰술

만드는 법

1. 홍차잎에 뜨거운 물 2큰술을 넣고 개어 놓는다.
2. 냄비에 동량의 물과 우유를 넣고 불을 켠다.
3. 물이 끓기 시작하면 홍차잎을 넣고 바로 불을 끈 후 가볍게 저은 다음 뚜껑을 덮고 3~4분간 우린다.
4. 뜨거운 물을 부었던 홍차잔에 스트레이너를 대고 밀크 티를 따른다(티 포트에 스트레이너를 대고 밀크 티를 따른 후 홍차잔에 따르기도 한다).

* 단맛의 차를 원하면 냄비에 물과 함께 설탕을 넣고 함께 우려낸다.

(3) 레몬 티lemon tea

영국에서는 밀크 티를 선호하고 미국에서는 레몬 티를 선호한다. 홍차 만드는 방법과 같으나 우려내는 시간을 1분 정도 짧게 한다. 왜냐하면 떫은맛을 적게 하는 것이 레몬 티에 적합하기 때문이다. 레몬을 홍차에 넣고 2~3회 저은 후 바로 꺼내어 레몬을 놓았던 접시에 옮겨 놓는다.

레몬 티에 적합한 차는 실론Ceylon, 닐기리Nilgiri, 케냐Kenya 등이 좋다.

티파티에 곁들여지는 과자나 케이크 등은 티 테이블을 더욱 돋보이게 하고 마음을 더욱 따뜻하게 한다. 홍차에 곁들여지는 과자로 특별히 정해진 것은 없으나 주역인 홍차를 더욱 돋보이게 하기 위하여 좋은 재료를 사용한 맛있는 케이크 등을 준비할 수 있으며 대표적인 것으로 스콘을 들 수 있다.

■ **스콘Scone**

영국을 대표하는 티 케이크로 알려진 스콘은 반으로 잘라 클로티드 크림clotted cream을 얹고 그 위에 잼을 발라 먹는 것이 영국 전통 스타일이다.

Tip

재료

밀가루(박력분) 225g

베이킹파우더 2작은술

설탕 25g(2큰술)

소금 1/4작은술

버터(무염) 40g

달걀 1개

우유 1/4컵

밀가루 · 우유 조금씩

만드는 법

1. 밀가루와 베이킹파우더, 소금, 설탕을 합하여 체에 내린다.
2. 달걀과 우유는 잘 섞는다.
3. 체에 내린 밀가루에 차가운 버터를 올려놓고 칼로 다져가며 밀가루와 섞는다.
4. 밀가루와 버터가 잘 섞이면 풀어놓은 달걀을 넣고 가볍게 버무려 뭉친다.
5. 밀가루를 살짝 뿌린 다음 반죽을 놓고 방망이로 밀어 2cm 두께가 되면 6cm 원형의 둥근 틀로 찍어 윗부분에 우유를 바른 후 170℃의 오븐에서 20분간 굽는다(원형 틀이 없으면 사각형이나 삼각형으로 잘라도 좋다).
6. 다 구워지면 메이플 시럽이나 잼, 사워크림 등을 곁들여 먹는다.

■ 초코케이크

Tip 준비물

직경 15cm의 원형틀, 유산지

재료

버터 100g, 소금 약간, 설탕 70g, 달걀 2개

다크 초콜릿 85g

박력분 50g, 코코아파우더 15g

견과류 120g(호두, 아몬드, 크랜베리, 건포도(브랜디 2큰술), 피칸)

만드는 법

1. 실온에 두어 부드러워진 버터에 설탕을 넣고 휘핑한다.
2. 달걀은 2~3회에 나누어 넣고 휘핑하여 크림상태로 만든다.
3. 중탕하여 녹인 초콜릿을 넣고 섞는다.
4. 체에 내린 가루를 넣고 보이지 않도록 가볍게 섞는다.
5. 작게 자른 견과류를 넣어 섞고 유산지를 깔아놓은 팬에 반죽을 붓고 170~180℃의 오븐에서 25~30분간 굽는다.

* 가염버터일 경우 소금을 넣지 않는다.

13) 홈 파티

홈 파티는 손님을 집에 초청하여 열게 되는 파티로 형식은 디너파티나 뷔페파티 등 여러 가지로 할 수 있다. 초대할 때는 1주일 정도 전에 전화로 초청하는 것이 일반적이다. 초대 전화를 할 때는 파티의 취지, 참석인원의 인적사항 등을 알려주고 상대방이 적절한 준비를 하도록 한다. 특별한 선물을 가지고 갈 필요는 없으나 미리 화분이나 꽃을 보내는 것도 좋고 초콜릿이나 케이크 정도의 선물을 준비하나 너무 큰 선물은 상대방을 오히려 당황하게 할 수도 있다.

약속시간보다 너무 일찍 도착하면 주최 측에서 준비가 덜 된 상태일 수도 있어 곤란한 일이 생길 수 있다. 그렇다고 너무 늦게 도착하면 식사에 차질이 있을 수 있으므로 미리 여유 있게 근처에 도착하였다가 시간에 맞추어 들어가도록 한다.

꽃은 주최 측에서 미리 준비하였기 때문에 들어가면서 꽃다발을 드리게 되면 꽃을 꽂는 화병이 없을 수도 있고, 두어야 할 마땅한 장소를 찾아야 하므로 당황하게 된다. 아니면 파티가 끝난 후 1주일 정도 후에 감사편지와 함께 화분을 보내게 되면 손님을 맞이하기 위하여 준비하였던 꽃이 시들어버렸기 때문에 여유 있게 감상할 수 있는 방법이 되기도 한다.

참석 인원이 너무 많으면 뷔페파티로 준비하는 것이 적절하고,

초대를 받았으면 다음에는 자신이 상대방을 초대하도록 고려해 본다. 음식을 많이 차리는 것보다 자신만의 특별요리를 준비하여 즐겁게 담소하며 즐기는 자리가 되도록 한다.

Tip ••• 초청에 따른 참고사항

① 여성이 남성보다 많지 않게 한다. 남성이 한 사람이라도 많은 것은 무방하다.

② 초청받은 사람들이 서로 초면이면 분위기가 어색하므로 한두 명은 서로 알고 지내는 사이로 초청한다.

참고문헌

노버트 엘리아스, 매너의 역사, 신서원, 2001.
반도 마리코, 여성의 품격, 창해, 2008.
식공간연구회, Coffee & Tea, 파워북, 2009.
식공간연구회, 음료의 이해, 교문사, 2006.
식공간연구회, 테이블 코디네이트, 교문사, 2008.
에드워드 홀, 숨겨진 차원, 한길사, 2005.
이정원 외, 매너 플러스, 교문사, 2011.
조정대, 글로벌 에티켓과 매너, 백산출판사, 2010.
한정혜, 만화로 배우는 테이블 매너, 김영사, 2003.
한정혜, 매너는 매력이다. 석필, 1998.
한정혜, 매너스쿨, 김영사, 1993.
한정혜·오경화, 생활매너, 백산출판사, 2003.
한정혜·오경화, 정통 테이블 세팅, 백산출판사, 2005.

저자 소개

오재복(오경화)

현) 경기대학교 관광전문대학원 교수
이화여자대학교 음악대학 음악학사
덕성여자대학교 교육대학원 교육학석사
경기대학교 관광전문대학원 식공간연출 전공 관광학석사
경기대학교 관광전문대학원 식공간연출 전공 관광학박사
일본 에가미(江上)요리학원 수료
일본 이마다미나코(今田美奈子)코디네이트아카데미 수료
「MBC-TV」 오늘의 요리, 「KBS-TV」 가정요리 외 다수 방송 출연
2004, 2005, 2006년 일본 동경 돔 「테이블웨어 페스티발」 초대작가 출품
한식메뉴 외국어표기 표준화작업 참여
전) 한정혜요리학원 부원장
한국식공간학회 고문

〈저서〉
정통 테이블 셋팅(공저)/ 테이블코디네이트(공저)/ 푸드코디네이트(공저)/ 푸드코디네이트의 역사(공저)/ 커피 & 티(공저)/ 음료의 이해(공저)/ 조리기능사 필기문제집/ 조리기능사 실기문제집(한식, 양식) 외 다수

테이블 매너

2011년 9월 5일 초판 1쇄 발행
2014년 1월 15일 초판 2쇄 발행

저자와의 합의하에 인지첩부 생략

저 자 오 재 복
발행인 (寅製) 진 욱 상
발행처 백산출판사
서울시 성북구 정릉3동 653-40
등록 : 1974. 1. 9. 제 1-72호
전화 : 914-1621, 917-6240
FAX : 912-4438
http://www.ibaeksan.kr
editbsp@naver.com

값 13,000원
ISBN 978-89-6183-499-5